¡Aprende Hipnosis... Ya!

¡La manera _más fácil_ de aprender hipnosis!

Michael Stevenson, MNLP, MTT, MHt

Traducido y Editado en español por el
Dr. César Vargas

Veritas Invictus Publishing
8502 East Chapman Avenue # 302
Orange, California 92869

ISBN 978-0-9846837-7-2

www.**Aprende** *Hipnosis* **YA** .com

DEDICATORIA

Dedicado a Jonathan y Julie.

Todo lo que hago es por ustedes.

CONTENIDO

INTRODUCCIÓN

¡Bienvenido! ¡Estás a punto de embarcarte en un viaje fantástico! Aprenderás muchas cosas sobre la hipnosis y la mente humana. Es una historia de quiénes somos y de qué somos capaces como seres humanos, y cómo podemos aprovecharla para mejorar nuestras propias vidas y las vidas de los demás.

En este libro, cubriremos la teoría y mecánica de la hipnosis, incluyendo cinco diferentes estilos de inducción hipnótica, la estructura de la sugestión, la hipnosis con fines terapéuticos (es decir, manejo del dolor, dejar de fumar, adelgazar, etc.), hipnosis con fines de entretenimiento (hipnosis de escenario) e incluso la auto-hipnosis. También abordaremos los mitos que comúnmente rodean a la hipnosis. ¡Existen más de los que crees!

La hipnosis es un viaje a la mente subconsciente, o la mente inconsciente, como solemos decirle en el campo de la hipnoterapia. Puede usarse en una gran variedad de situaciones, que van desde divertirnos en un escenario o fiesta, hasta aliviar el dolor, romper hábitos, y lograr anestesia hipnótica para una cirugía. ¡Prepárate para el viaje de tu vida, estás a punto de divertirte!

¿Para quién es este libro?

¡Este libro es para todo mundo! Si deseas divertirte, explorar la mente humana, comprender la mente inconsciente, aprender cómo ser más sugestivo y persuasivo, y estar más en paz contigo mismo, has venido al lugar correcto.

La hipnosis es más que el frívolo entretenimiento que vemos en los espectáculos teatrales. Es más que «abracadabra». Es más que sólo presumir ante tus amigos y familiares. Es un viaje interno. Te ofrezco la oportunidad de aprender el funcionamiento interno de tu ser, así como el de los demás.

Pero no me malinterpretes... ¡la hipnosis también es divertida! Los niños, adolescentes, adultos y ancianos tienen su propio estilo y carisma con la hipnosis. Los espectáculos de hipnosis, si se hacen adecuadamente, están llenos de humor y son divertidos para todo mundo. ¡También lo aprenderás en este libro!

¿Puedes realizar la hipnosis?

La respuesta simple es sí. La hipnosis no está regulada en gran parte de los Estados Unidos y del mundo[*]. Por lo general, no se requiere tener una licencia para practicar la hipnosis. La hipnoterapia (el uso clínico de la hipnosis) es una industria auto-regulada y —aunque no expidan licencias— hay consejos, tales como el *International Board of Clinical Practitioners* (Consejo Internacional de Practicantes Clínicos, en español), que certifica a la gente en hipnoterapia clínica y más. Si tienes planeado trabajar con la gente como hipnoterapeuta profesional, consulta el Apéndice IV para que obtengas información relativa a la obtención de entrenamiento en persona y certificación en Hipnoterapia Clínica.

Existen normas y leyes que pueden regir la manera como puede usarse la hipnosis. Por ejemplo, ciertas cuestiones no deben abordarse sin la aprobación del médico o terapeuta del sujeto. Estas cuestiones serán tratadas en la sección titulada: «¿Debo trabajar con esto?» en el Capítulo 3.

---

[*] Consulta siempre las leyes en tu estado o país. Las leyes cambian periódicamente. Tu sucursal local del Consejo Internacional de Practicantes Clínicos te puede ayudar a interpretar la ley en tu jurisdicción.

La parte más difícil de la hipnosis es encontrar sujetos con los cuales practicar cuando uno es novato. Te sugiero que en un principio no compartas tu estudio de la hipnosis con la gente que conoces. Es muy probable que quienes te conocen mejor sean escépticos. Comienza pidiéndole a un amigo o familiar que te permita experimentar con él una «técnica de relajación» que acabas de aprender, y practica estas técnicas con él o ella. Antes de que se den cuenta, estarán en un profundo estado de relajación e hipnosis, y verdaderamente disfrutaran cómo se siente.

Las primeras veces que practiques la hipnosis con los demás, probablemente deberás olvidarte de darles sugestiones, lo cual aprenderás en el Capítulo 1. Sólo indúceles el trance, déjalos experimentar su belleza y sus beneficios, y luego sácalos del trance.

Experimentarás esto por ti mismo más adelante, en el Capítulo 1, cuando te explique cómo descargar tu inducción hipnótica de muestra de nuestro sitio web.

Con el tiempo, podrás comenzar a decirles a tus familiares y amigos que has estado incursionando en la hipnosis. Para este tiempo, ya habrás hipnotizado a unas cuantas personas y tendrás más seguridad en tus propias habilidades.

La seguridad es una característica valiosa que debes poseer como hipnotizador.

Convencionalismos utilizados en este libro

- Dependiendo de tu contexto específico, puedes estar trabajando con un cliente, paciente, voluntario, miembro de la audiencia, pariente, amigo o conejillo de indias. Dado que no puedo predecir cómo usarás tus nuevas habilidades, en este libro voy a usar el término «sujeto» cuando me refiera al objeto de tus inducciones hipnóticas.

- Las Palabras Nuevas aparecerán en *itálica* para indicar que la palabra puede ser consultada en el Glosario (por ejemplo: «Ahora sería un buen momento para probar algunos *convencedores*»).

- Dentro del texto entre comillas, las palabras *en itálica* son llamadas órdenes insertadas y deben pronunciarse con una inflexión, ritmo o tono diferente. Presentaremos este concepto antes de que ocurra por primera vez.

- Dentro de las instrucciones o diálogo citado, las órdenes para ti, como hipnotizador, estarán encerradas entre [corchetes].

- ***¡Enfócate en Esto!*** Las falacias, curiosidades y otra información divertida se mostrará bajo este encabezado.

- ***¡No Salgas de Trance!*** Los recordatorios y demás información importante serán colocados bajo este encabezado.

ACERCA DEL AUTOR

Michael Stevenson

SOY HIPNOTERAPEUTA MAESTRO PRACTICANTE, Practicante Maestro de Programación Neuro-Lingüística (PNL, un campo relacionado), Practicante Maestro de Técnicas TIME (*Time Integration for Maximum Empowerment*™, por sus siglas en inglés), Entrenador Maestro de Éxito, Vida y Negocios, y Presidente y Entrenador Líder de *Transform Destiny, Inc.*, una compañía que proporciona servicios integrales de hipnoterapia, instrucción y entrenamiento en el Condado de Orange, California. He estado ayudando a la gente a cambiar sus vidas y lograr sus sueños por más de una década.

No siempre fui un hipnoterapeuta. Solía ser un programador de computadoras. Era un fumador empedernido y había probado *todo* para dejar de fumar, sin resultados. Después de casi catorce años fumando, y alrededor de cuatro intentando dejarlo, dejé de fumar fácilmente y sin esfuerzo con una cinta de auto-hipnosis que compré en un espectáculo de hipnosis en la feria del condado. Instantáneamente me sentí fascinado por la hipnosis.

Mi primera incursión a la biblioteca no rindió ningún fruto. Comencé a ir de una librería a otra buscando cualquier información que pudiera encontrar sobre este increíble tema. Con el tiempo, después de que prácticamente había leído todos los libros que pude encontrar sobre hipnosis y PNL, asistí a un entrenamiento en vivo, me certifiqué como Hipnoterapeuta Clínico en tan solo un fin de semana, y comencé mi consultorio privado en mi sala de estar.

Desde entonces, mi vida ha cambiado de muchas maneras increíbles y sorprendentes. Vivo en el Condado Orange, California, donde tengo y opero *Transform Destiny, Inc.* (www.transformdestiny.com). Hasta ahora, he recibido cientos de horas de entrenamiento en hipnoterapia y estoy certificado por varios consejos de prestigio, incluyendo la *National Guild of Hypnotists* (Asociación Nacional de Hipnotizadores), la *International Hypnosis Federation* (Federación Internacional de Hipnosis), el *American Board of Hypnotherapy* (Consejo Estadounidense de Hipnoterapia), el *American Board of Neuro-Linguistic Programming*

(Consejo Estadounidense de Programación Neuro-Lingüística), la *Time Line Therapy Association* (Asociación de Terapia *Time Line*), la *International Association of Counselors and Therapists* (Asociación Internacional de Consejeros y Terapeutas), la *International Medical and Dental Hypnotherapy Association* (Asociación Internacional de Hipnoterapia Médica y Dental) y el *International Board of Clinical Practitioners* (Consejo Internacional de Practicantes Clínicos); actualmente soy el Presidente de este último.

No te digo esto con la intención de impresionarte, más bien con la intención de darte a entender que cualquiera puede aprender hipnosis, incluso un antiguo programador de computadoras como yo.

En los últimos ocho años, le he enseñado a decenas de miles de personas hipnosis, PNL, Técnicas *TIME* y *Coaching*, a través de mis libros o en persona. Con mucho, estos son mis temas favoritos de discusión; si tienes alguna duda, con toda confianza comunícate conmigo. Quizás tu pregunta aparezca en nuestro boletín mensual. Por favor, ponte en contacto conmigo en cualquier momento en hypnobook@transformdestiny.com

Si estás interesado en aprender hipnosis, PNL, Técnicas *TIME* o *EFT* en persona, ve a www.transformdestiny.com y acompáñanos en uno de mis entrenamientos en vivo.

ACERCA DEL TRADUCTOR

Dr. César Vargas

CÉSAR VARGAS ES DOCTOR EN HIPNOTERAPIA CLÍNICA, Coach, Master Hipnotista, Master Practitioner de Programación Neuro-Lingüística (PNL), Master Practitioner de Técnicas *TIME*. Es autor de *Tu Vida Es Tu Obra Maestra – Consejos prácticos para diseñar tu vida, a propósito*, coautor del libro *Descubre TU Grandeza* y co-autor del libro *Desatascado: Manual del propietario para el éxito*, entre otros.

Es traductor al español de *Mercadotecnia Espiritual*, por Joe Vitale, *Los Sentimientos Que Se Entierran Con Vida, Nunca Mueren*, por Karol Truman, *Secretos del Éxito de los Ricos y Felices*, por Bart Baggett, *La Ciencia del Éxito* y *Espiritualidad Práctica*, por James Arthur Ray, y *La Ciencia de Hacerse Rico*, por Wallace D. Wattles, el clásico de 1910 que fue la base de la película y el libro *El Secreto*.

El Dr. César Vargas ofrece certificaciones en Hipnosis y Programación Neuro-Lingüística, y cursos, seminarios y talleres en diferentes áreas de superación personal.

Tiene un consultorio en el sur de California, donde ayuda a la gente que viene desde diferentes partes del mundo a alcanzar sus metas y obtener los resultados que desean.

Para mayores informes acerca de César Vargas, visita ElPoderDeTuMente.com, MercadotecniaEspiritual.com o TuVidaEsTuObraMaestra.com.

Parte I: Fundamentos

CAPÍTULO 1
¿QUÉ ES LA HIPNOSIS?

EN ESTE CAPÍTULO REVISAREMOS qué es en realidad la hipnosis. Aunque todavía no comprendemos totalmente la hipnosis desde un punto de vista médico/científico, hay muchos estudios en proceso actualmente, que arrojarán luz sobre qué es exactamente este maravilloso estado y cómo podemos seguir utilizándolo en el futuro. Esto es lo que <u>sí</u> sabemos sobre la hipnosis...

La Hipnosis es un estado natural

La hipnosis es un estado natural al que todos tenemos la habilidad de entrar. Algunas personas son más talentosas que otras para entrar a un trance profundo (este nivel de profundidad de hipnosis se llama comúnmente *sonambulismo*). Todo mundo posee la habilidad de entrar a este nivel de trance de sonambulismo; sin embargo, unos entran a este más fácilmente que otros.

Casi todas las escuelas de pensamiento sobre la salud mental definen dos partes principales de la entidad que llamamos *personalidad*. Algunas las llaman Identidad y Ego; algunas las llaman Hijo y Padre. Nosotros las llamamos Mente Consciente y Mente Subconsciente (o Mente Inconsciente, como la mayoría en la industria prefiere llamarla, término que usaremos hasta el final del libro).

Tu mente consciente es la parte de ti que está consciente; es la parte de ti con la que «piensas». Consta de todos tus pensamientos conscientes, y generalmente está limitada a pensar alrededor de siete cosas —más-menos una o dos— en cualquier momento dado.

Tu inconsciente maneja los millones de detalles con los que te encuentras todos los días de tu vida. Tu inconsciente es el dominio de tus emociones. Es donde se conservan y mantienen tu aprendizaje y tus recuerdos.

Una buena analogía que me gusta usar es la de un barco. El capitán es tu mente consciente, y realiza todo el pensamiento lógico y racional. Toma decisiones fundadas conscientemente, basándose en la información de último nivel que tiene enfrente de sí. No lidia con tareas de menor nivel, más mundanas... ese es el trabajo de la Tripulación. Por si todavía no lo has adivinado, la Tripulación es tu inconsciente.

Si el capitán quiere que el barco dé vuelta a la derecha, ¡no agarra el timón y lo hace! Más bien, da la orden: «¡Atención a toda la tripulación! ¡Todo a Estribor!»

Algo tan sencillo como hacer que el barco de la vuelta a la derecha parecería un proceso nada complicado. Sin embargo, detrás de bambalinas, los miembros de la tripulación se apresuran a convertir en realidad la orden. Hay un hombre que toca la campana para indicar una vuelta, lo cual le indica a la gente a cargo de las máquinas que deben encender uno de los motores, lo cual requiere más vapor, lo que lleva a que los miembros de la tripulación paleen y quemen más carbón, lo cual requiere que otros lo reabastezcan. Estos hombres trabajan duro y merecen una buena comida, así que hay cocineros que preparan la comida que los meseros deben servir. Otros tienen que reabastecer las provisiones de alimentos, limpiar los pisos, revisar el clima, monitorear el sonar y radar, marcar cursos y un millón de tareas más... Todo para que el Capitán pueda gritar su siguiente orden.

Lo mismo se aplica a nosotros. Algo tan sencillo como tomar un vaso de agua involucra cientos de fibras musculares. Pensar conscientemente que cada grupo muscular se flexione y tense justamente en la proporción adecuada para levantar un vaso (sin dejarlo caer, ni romperlo), es una operación tan delicada como un ballet, se necesita la intención y las órdenes de la mente consciente, más la habilidad multitarea de la mente inconsciente para llevarla a cabo.

Ahora, para que cualquier capitán sea un buen capitán, debe prestar atención a la retroalimentación de su tripulación. ¿Puedes adivinar qué pasa cuando el Capitán comienza a ignorar o, peor aún, maltratar a la tripulación? Así es, un motín. Y eso es exactamente lo que pasa cuando algunos de nosotros perdemos el *rapport* o afinidad con nuestro propio inconsciente.

¡A pesar de ello tenemos buenas noticias! El simple acto de usar la hipnosis ayuda a recuperar ese rapport entre el consciente e inconsciente. La hipnosis abre los canales de comunicación entre las dos; así, cuando el inconsciente recibe la atención que necesita, comenzará a producir mejores resultados.

Básicamente, la hipnosis nos permite abrir la mente inconsciente a la sugestión, mientras la mente consciente divaga, o está distraída.

La hipnosis no es control mental, lavado de cerebro, magia negra o vudú. El hipnotizador no posee poderes especiales sobre el sujeto. De hecho, la hipnosis es una actividad cooperativa, que requiere el consentimiento total del sujeto.

De hecho, toda hipnosis es auto-hipnosis. El sujeto entra a su propio trance, el hipnotizador solamente lo guía a través de su experiencia y ofrece sugestiones terapéuticas a lo largo de ella (o sugestiones con fines de entretenimiento, dependiendo de su línea de trabajo).

Ya has sido hipnotizado

Quizás no te hayas dado cuenta, pero ¡es muy probable que ya hayas sido hipnotizado!

¿Alguna vez has soñado despierto, tan ajeno al mundo que ni siquiera escuchaste cuando alguien te hablaba o te llamaba por tu nombre? ¿Alguna vez has leído un libro o visto una película, y estabas tan metido en esa actividad que perdiste la noción del tiempo y sentiste como si estuvieras ahí? ¿Alguna vez has conducido tu auto por una carretera y de repente te preguntas cómo manejaste los últimos kilómetros? Todos estos son estados alterados, llamados trance de libro, de película o del camino, en el cual tu mente inconsciente se hace cargo mientras tu mente consciente divaga. En esencia, ¡has estado hipnotizado! ¡Simplemente no sabes cómo usar ese estado!

Las señales de la Hipnosis

La gente reacciona a la hipnosis de muchas maneras diferentes. Debido a esto, no hay una tabla sencilla que pueda describir con precisión la reacción de todos a la hipnosis. Algunas personas parecen «perder el conocimiento», mientras que a otros les revolotean los párpados o tienen algún otro tipo de contracción muscular leve. Los niños pequeños —que, de hecho, están en estados alterados la mayor parte del tiempo— se retuercen o incluso se ríen cuando están en hipnosis.

El punto es que la hipnosis es completamente subjetiva y sólo porque una persona pueda mostrar, o no, una o más de estas señales, no necesariamente significa que el sujeto está hipnotizado o no. Estos tres niveles de trance están simplificados, y en realidad no tienen la intención de describir estados concretos de hipnosis, pues el consenso general es que, en la realidad y en la práctica, no existen niveles como tales. Hablaremos más al respecto en la sección titulada «Las etapas de la Hipnosis».

Figura 1.1: Señales de la Hipnosis

Trance Ligero	• Relajación profunda • Cambio en la respiración • Revoloteo de los párpados
Trance Medio	• Cara laxa • Enrojecimiento e incremento del lagrimeo de los ojos debido a la relajación de los músculos alrededor/en el ojo • Respiración forzada
Trance Profundo	• Catalepsia • Incapacidad o falta de voluntad para hablar

Los efectos de la Hipnosis

El efecto es otra área de la hipnosis sumamente subjetiva. Aunque existe alguna similitud entre las experiencias de la mayoría de los sujetos, ninguno de estos efectos son un requisito o una indicación directa de una hipnosis exitosa. La gente sentirá sus propios sentimientos subjetivos en la hipnosis, así que esta es solamente una guía.

Figura 1.2: Efectos de la Hipnosis

Relajación profunda	La mayoría de los sujetos experimentará una intensa sensación de relajación. Aunque, la relajación no es necesaria para el trance, muchos métodos de hipnosis promueven el trance mediante la disociación con el cuerpo. Usualmente esto se logra a través de la relajación profunda.
Flotar o hundirse	Muchos sujetos reportan una suave sensación de estar flotando o de hundirse en la silla o sillón en el que están.
Intensificación de los sentidos	Aunque usualmente la hipnosis involucra la disociación del cuerpo, típicamente muchas personas también reportan que se vuelven conscientes de ciertas cosas a través de un incremento en la sensibilidad de sus sentidos.
Amnesia	Mucha gente experimenta amnesia sobre el contenido de la experiencia hipnótica. De hecho, esto es alentado —e incluso es sugerido intencionalmente— cuando se utiliza la hipnosis en un ambiente terapéutico.
Distorsión del tiempo	El trance puede hacer cosas asombrosas con la percepción del tiempo de una persona. Muchas sesiones que duran una hora se sienten de diez o quince minutos cuando el sujeto despierta. Algunas veces, sesiones de veinte minutos se sienten como si hubieran durado horas. La distorsión del tiempo es completamente subjetiva, todo mundo la experimenta de manera diferente.

Las etapas de la Hipnosis

Generalmente se le atribuyen a la hipnosis tres niveles o etapas de «profundidad». Existe una discusión bastante acalorada entre los diferentes campos con respecto a los niveles reales (si es que existe alguno) de hipnosis y cuáles características pertenecen a cada nivel. Esta tabla está basada en el trabajo de Leslie LeCron y la Escala de Profundidad LeCron, la cual siguen utilizando muchos hipnotizadores actualmente.

Figura 1.3: Etapas de la Hipnosis

Trance Ligero	• Sensaciones de letargo y relajación • *Catalepsia* de los ojos • Catalepsia de los brazos u otros grupos musculares • Sensación de flotar o hundirse • Catalepsia de cuerpo completo
Trance Medio	• Se puede sugestionar el olfato y el gusto. Por ejemplo, hacer que una cebolla sepa y huela como una manzana. • La habilidad de borrar o bloquear totalmente números de la mente. • *Amnesia* de ciertos eventos • *Anestesia de Guante* • Sugestiones *analgésicas* • Sugestión post-hipnótica

Trance Profundo	<ul><li>Movimiento automático</li><li>Se pueden sugerir alucinaciones positivas. Por ejemplo: «En mi mano verás una pelota de tenis. ¿De qué color es?»</li><li>Anestesia completa</li><li>Alucinaciones negativas, aunque son más difíciles de sugerir que las positivas, en algunas ocasiones se pueden sugerir en este punto. Por ejemplo, «la silla en la que estás sentado acaba de desaparecer... ya no puedes ver la silla en ningún lado.»</li><li>Comatoso, o lo que comúnmente se ha llamado el Estado Esdaile</li></ul>

Recuerda que estas etapas son muy fluidas. **Por favor**, **no** creas que solamente una persona en trance medio puede recibir sugestiones post-hipnóticas, o que solamente una persona en trance profundo puede experimentar anestesia. Todo mundo es diferente y la gente responde de maneras diferentes a la hipnosis. Esta tabla sólo se presenta como una guía imprecisa y no pretende limitar tus opciones de ninguna manera. Recuerda... ¡Todo es posible!

Disipando mitos de la Hipnosis: Preguntas comunes

Seamos sinceros... A la hipnosis no le ha ido bien bajo la mirada escéptica de la mayoría. Existen muchas razones para esto: Los medios de comunicación son los principales culpables, en mi opinión. La imagen de la hipnosis más comúnmente planteada por Hollywood es de magia, misterio y poder. En estas películas, algunos villanos siniestros usualmente oscilan algo brillante ante la cara de las «víctimas» y obtienen un control completo.

Bueno, como ya hemos aprendido, todo esto es falso. Sin embargo, la mayoría de las personas ni siquiera tiene el conocimiento mínimo de la hipnosis que ahora tienes. Así pues, para ayudarles a esas personas a confiar en nosotros y a relajarse lo suficiente, debemos disipar unos cuantos mitos acerca de la hipnosis.

La mayoría de las inquietudes que giran alrededor de la hipnosis se derivan de cuestiones en las que el sujeto cree que perderá el control y lo harán ladrar como un perro o algo por el estilo. Más adelante en este libro te proporcionaré algunas maneras específicas para combatir estos miedos; sin embargo, por ahora, revisemos algunas de las preguntas más comunes que tiene la gente sobre la hipnosis y las maneras que a mí me gusta responderles.

¿Me quedaré dormido?

No, no te quedarás dormido. Aunque muchas personas parecen «perder el sentido» mientras están en trance, usualmente esto sólo es producto de la extrema relajación y comodidad que sienten durante la hipnosis. Recuerda, hipnosis no es dormir. Todo el tiempo estarás totalmente despierto y en control; sin embargo, puedes estar tan relajado que optas por no moverte porque te sientes sumamente cómodo.

¿Perderé el control o seré como un Zombi?

No, en lo absoluto. La hipnosis es una actividad cooperativa, lo cual quiere decir que debes consentir a todo lo que te sugiero. Si te llegara a sugerir algo que te hiciera sentir incómodo, provocarte daño o que entra en conflicto con tu moral, podrías salir del trance, o simplemente ignorar la sugestión. ¡Eres sugestionable bajo hipnosis, pero no estás bajo mis órdenes! Tu mente inconsciente siempre te protegerá, y siempre elegirá adherirse a tu código moral.

Si eso es cierto, ¿por qué la gente en el escenario ladra como perro y actúa como tonta?

¿Alguna vez has conocido personalmente a alguien que se haya subido a un escenario? El hipnotizador de escenario hace un poquito de trampa. Piénsalo... ¿Quiénes se suben al escenario? Voluntarios, ¿verdad? ¡Ellos son personas a las que les encanta sobreactuar las cosas! Vaya, te apuesto a que si los observas, la mayoría de ellos están sentados en la orilla de sus sillas diciendo «Yo, yo, yo, yo, ¡escógeme a mí!» ¡Adoran la atención! ¡Es muy probable que se pusieran a ladrar como un perro aunque no estuvieran hipnotizados con tal hacer reír a la gente!

No digo esto con la intención de menospreciar a los hipnotizadores de escenario. El hipnotismo de escenario es un arte extraordinario que es muy difícil de dominar. Además, si quieres poner de diez a cincuenta sujetos bajo trance en menos de cinco minutos, y luego ponerlos a hacer cosas entretenidas, definitivamente ayuda tener el tipo ideal de sujetos.

¿Cómo se sentirá la Hipnosis?

La hipnosis puede sentirse radicalmente diferente de una persona a otra; por lo tanto, no puedo decirte cómo te sentirás exactamente. Sin embargo, puedo decirte esto... Estarás *completamente cómodo...* te *relajarás totalmente...* Además, *tendrás una experiencia profundamente increíble y positiva.* La mejor manera de aprenderla es experimentándola.

¡Enfócate en Esto!

En el párrafo anterior, habrás notado que ciertas palabras están *en cursivas*. Esas partes del pasaje deben decirse con un volumen, ritmo o tono de voz ligeramente diferente. Este tipo de énfasis se llama *órdenes insertadas*, que le hablan directamente a la mente subconsciente. Hablaremos ampliamente de las Órdenes Insertadas en el Capítulo 2.

¿Y qué tal si no puedo ser hipnotizado?

Todo mundo puede ser hipnotizado. Repito: Todo mundo puede ser hipnotizado. Esto no necesariamente significa que todo mundo se someterá a la hipnosis. Recuerda, la hipnosis es cooperativa... El sujeto siempre tiene el control. Ten por seguro, que cualquiera con un coeficiente intelectual mayor al de un pepino —que pueda relajarse, comprender y seguir instrucciones sencillas— puede ser hipnotizado.

¿Y si me quedo «atorado» en la Hipnosis?

Este es uno de los miedos más comunes de la persona promedio. También es el más tonto. En toda la historia de la hipnosis, nadie se ha quedado «atorado» en el trance.

Nunca te has quedado «atorado» de manera permanente cuando sueñas despierto, ¿no es así? ¡Por supuesto que no! Aunque algunas personas se resisten a salir del trance, sólo porque la hipnosis es muy agradable y se siente muy bien, todo mundo sale de la hipnosis sintiéndose grandioso, refrescado y lleno de vida.

Llegó la hora para tu primer viaje

Como dije antes, la mejor manera de aprender cómo se siente la hipnosis es experimentándola. Ahora que la hemos despojado de todo su misterio, y hemos disipado todos los mitos comunes que pudieras haber creído, ahora tienes la oportunidad de hacer precisamente eso.

Como un regalo de mi parte, he grabado una inducción hipnótica especial para que puedas experimentar exactamente cómo se siente esta maravilla llamada hipnosis. Esta es una inducción hipnótica corta de alrededor de 22 minutos. No hay sugerencias tontas en ella, como sugerencias para que compres más productos o asistas a mis entrenamientos en vivo; solo unas cuantas sugestiones para tu tranquilidad y relajación. Entonces, busca un lugar tranquilo, siéntate y disfrútala.

Simplemente entra en el sitio web usando el siguiente enlace y descarga el archivo de audio MP3, que es gratis para ti, por ser dueño de este libro. Por favor, sé consciente de que el archivo de audio que estás a punto de descargar es material con derechos de autor y no debes compartirlo con quienes no hayan comprado este libro. Escuchar la grabación constituye tu aceptación de los términos descritos en la página de internet ubicada en http://www.learnhypnosisnow.com/license.asp.

Aunque por sí misma la hipnosis no es peligrosa, cerrar los ojos y entrar en trance mientras conduces, o realizas alguna otra actividad que requiera de tu atención, obviamente es peligroso. Por lo tanto, aquí aplican las advertencias normales: no lo uses mientras conduzcas cualquier tipo de vehículo, operes maquinaria pesada o herramientas eléctricas, estés cuidando niños, o estés desempeñando cualquier otra actividad que requiera tu atención.

Esta es una inducción sencilla que utiliza técnicas de relajación y visualización guiada. Tiene algunas sugestiones para la felicidad y bienestar en general, después saldrás del trance. Planea tener alrededor de 30 minutos de tiempo tranquilo y en paz, en el cual puedas estar solo y sin interrupciones. Sigue el siguiente enlace, o copia y pega la dirección en tu navegador para comenzar. El archivo está en formato mp3 y requerirá que tengas un reproductor, como el Microsoft Windows Media Player o Apple Quicktime para que lo puedas escuchar.

www.transformdestiny.com/downloads/free-induction.zip

Tipos de inducción

Generalidades

El campo de la hipnosis es tan variado como cualquier otra profesión «de ayuda». Actualmente se usan muchos estilos de hipnosis diferentes. Probablemente no te debe asombrar saber que el estilo más comúnmente representado por Hollywood, los medios de comunicación y los escritores de misterio es el estilo que menos utilizan los hipnotizadores reales, conocedores y profesionales.

Veamos cinco estilos comunes de inducción hipnótica: Autoritario, permisivo, estilo Dave Elman, estilo Milton H. Erickson y la inducción rápida. Aunque algunos pueden ponerse a discutir hasta que les falte el aire, en lo personal creo que ninguno de estos estilos es mutuamente excluyente. Cada estilo posee sus propias ventajas en diferentes situaciones. De hecho, la mayoría de las inducciones son una mezcla de estilos. Por lo tanto, no te limites artificialmente aprendiendo solamente un estilo.

Autoritario

El estilo autoritario es el estilo que más a menudo has visto en Hollywood o leído en las novelas de horror/misterio. Al usar este estilo, el hipnotizador literalmente le da órdenes al sujeto bajo hipnosis.

«Cierra tus ojos. Haz tres respiraciones profundas y comienza, ahora, a relajar cada músculo en tu cuerpo».

El párrafo anterior es indicativo de un tipo autoritario de inducción, las órdenes como esta seguirían dándose hasta que el cliente entre en trance, muchas veces por puro aburrimiento. Este tipo de estilo usualmente funciona en las personas a las que les gusta que se les diga explícitamente qué deben de hacer. La gente necia, los escépticos, la gente desafiante, aquellos con reacciones polarizadas y la gente con personalidades «fuertes» probablemente no sean buenos candidatos para una inducción excesivamente autoritaria.

Permisivo

Las técnicas permisivas son mucho menos dominantes. La idea con un enfoque permisivo es permitir que el sujeto tome las decisiones sobre lo que él o ella quiere hacer. Virtualmente no existe énfasis en el «poder» que tiene el hipnotizador sobre el sujeto (porque, si lo recuerdas, ¡el hipnotizador <u>no tiene</u> poder sobre el sujeto!). El uso de órdenes insertadas usualmente se utiliza muy a menudo para insinuarle a la mente subconsciente qué es lo que quieres que haga. Como recordarás, las órdenes insertadas son órdenes que están «escondidas» dentro de una conversación normal. Las palabras de la orden se dicen con una tonalidad o ritmo ligeramente diferente para remarcarlas en la mente inconsciente.

«Si gustas, siéntate en una posición cómoda. Me pregunto si puedes comenzar a *relajarte completamente*. Se siente muy bien relajarse, ¿no? Podrás notar que tus ojos se están poniendo más pesados y, dentro de poco, tus párpados se sentirán muy, muy cansados. Por favor, cierra los ojos y escucha mi voz».

En el ejemplo anterior (las órdenes insertadas se escribieron con letras cursivas para enfatizarlas), puedes notar que el estilo es mucho más amigable y cortés que en el Enfoque Autoritario. En todo momento, al sujeto se le **pide** hacer cosas, no se le dice. Superficialmente, esta técnica puede parecerse al Estilo Erickson de hipnosis.

Ericksoniano

Milton Erickson fue un hombre que verdaderamente comprendió cómo comunicarse con la mente inconsciente de los demás. Prácticamente todo lo que hacía era comunicado en múltiples niveles. Para comunicar eso efectivamente, deberás aprender a usar todo lo que te rodea en tu comunicación, desde el historial del sujeto hasta los eventos y ruidos que te rodeen en ese momento, a las respuestas que tu sujeto da a tus órdenes. Esa es la razón por la que este estilo de hipnosis a menudo se le llama *utilitario*.

Por ejemplo, si alguien abriera la puerta inadvertidamente durante una inducción, muchos hipnotizadores novatos entrarían en pánico y creerían que la sesión fracasó. Milton simplemente hubiera dicho algo como:

«...De la misma manera que la puerta de *tu inconsciente* se abre... te permite que *entres mucho más profundo*...»

Al igual que un adivino falso, una de las claves de este estilo de hipnosis es ser vago de manera deliberada. Las técnicas ericksonianas utilizan frases vagas y descripciones difusas para *sincronizarse* con la realidad actual del sujeto, en otras palabras, para coincidir con lo que el sujeto siente en el momento para crear más de una realidad.

Por ejemplo, Erickson te miraría y te diría: «En un momento, quizás muy pronto, parpadearás...» Cuando esto ocurriera (lo cual, por supuesto, ocurrirá), él diría: *«Así es...* Eso te permitirá *relajarte mucho más profundamente...»*

O también podría decir... «En un momento, comenzarás a sentir una sensación en una de sus manos... Tal vez, una será más ligera o más pesada que la otra... Quizás te darás cuenta de que una está más caliente o más fría que la otra...». Esto hará que el sujeto sienta curiosidad y comience a ensimismarse en la situación y a estar pendiente de sus manos. Por supuesto, las dos manos no son iguales, por lo tanto el sujeto está **seguro** de sentir <u>alguna</u> diferencia, y creerá que de esto hablaba Milton, ¡provocando que entre más profundamente en el trance!

Esto sirve dos propósitos. Primero, sirve para sincronizar la realidad del sujeto, creando por lo tanto un nivel más grande de *rapport*, confianza y creencia. Segundo —y más importante—, comienza a introducir al sujeto en un estado alterado manteniendo ocupados los pensamientos conscientes del sujeto, provocando que se ensimisme.

Aprender la hipnosis Ericksoniana es obligatorio. Estos patrones de hipnosis conversacional no sólo se utilizan en el campo clínico. También pueden usarse en la comunicación diaria con todo mundo. Para aprender más sobre esta poderosa manera de hipnotizar gente a través de la conversación, asiste a uno de mis entrenamientos en vivo de Programación Neurolingüística, puedes leer más al respecto en www.transformdestiny.com.

Elman

Dave Elman descubrió un método rápido que funciona muy bien en la mayoría de las personas. Mientras que los hipnotizadores de la época se concentraban en la *fijación de la mirada* y lograr que se cerraran los ojos antes de inducir la hipnosis (lo cual a veces requería una hora o más), Dave Elman simplemente lo pedía. Su teoría era que la hipnosis es un estado al que todos podemos entrar y conocer, por lo que la inducción podía ser rápida. Elman prescindió de todas las afectaciones que abundaban en la hipnosis de su época, y desarrolló una manera para hipnotizar profundamente a la gente en cuestión de minutos.

La técnica de Elman era tan poderosa que la enseñó casi exclusivamente a médicos y dentistas. Existen registros detallados de él curando la tartamudez, migrañas, problemas de sinusitis y asma, una y otra vez. También podía lograr una anestesia perfecta utilizando la hipnosis en cuestión de minutos. Esta técnica es tan poderosa, que los afamados hermanos Mayo realizaron más de 17,000 cirugías abdominales sin usar ningún tipo de anestesia química.

Para aprender más sobre el Método Elman, asiste a uno de mis entrenamientos en vivo para Practicantes de Programación Neurolingüística, donde también serás certificado como Hipnoterapeuta Maestro. Puedes leer más al respecto en www.transformdestiny.com.

Rápida

Las inducciones rápidas pueden ser muy poderosas cuando se utilizan en las situaciones apropiadas. La clave para realizar inducciones rápidas exitosas es usarlas cuando otros factores contribuyan al éxito de la inducción. Estos son unos cuantos ejemplos:

Individuos sumamente hipnotizables: Algunas veces, los sujetos muy sugestionables pueden ser hipnotizados utilizando técnicas de inducción rápida. Estos son del tipo que son tan sugestionables, que a menudo entran en trance ¡con tan sólo <u>ver</u> que otra persona está siendo inducida!

Shock: La inducción de shock es muy útil en el ámbito médico. Considera una situación en la que un paciente entra a la sala de urgencias en estado de shock, como con una fractura compuesta, y sencillamente no tienes tiempo de administrar un anestésico, y quizás no puedas calmar al paciente lo suficiente como para que puedas trabajar en el área afectada. Con sólo saltar hacia el paciente con los brazos y las manos abiertas, y gritar «¡DUERMEEE!», es más que suficiente para poner al sujeto en un trance ligero, debido al estado alterado de shock en el que ya se encuentra. Obviamente este método es extremo y no es recomendable para la mayoría de los sujetos. De hecho, alguien podría darte un puñetazo o podría hacer que tu paciente sufra un ataque cardiaco. ¡Úsalo bajo tu propio riesgo!

Prueba social: La *Prueba social* es un concepto muy poderoso que ha sido estudiado durante años por todo tipo de profesionales. ¿Alguna vez has notado que la gente tiende a hacer lo que ve que están haciendo otras personas? Haz una pregunta en un salón atestado que requiera que la gente levante la mano. Durante los primeros cuatro o cinco segundos, no recibirás ninguna respuesta. Luego, tal vez uno o dos levantarán la mano. Al ver esto, más manos se levantarán, etc. La mayoría no se siente cómoda contestando hasta que la prueba social dictamine que es aceptable hacerlo.

La prueba social se usa enormemente en la hipnosis de escenario. Usualmente hay una gran variedad de personas sobre el escenario en cualquier espectáculo dado. Para cuando llevan ahí dos minutos, el hipnotizador de escenario experimentando ya sabe quién es el bromista, quién es el reservado, quién será su estrella, quién está dispuesto a usar la ropa del sexo contrario, etc.

Sin embargo, lo más importante es que ya sabe quién es el más sugestionable. Al concentrarse en conseguir que las personas más fáciles entren en trance, está estableciendo la prueba social de que funciona a medida que avanza hacia los sujetos más difíciles. En la mayoría de los espectáculos, después de las primeras cuatro o cinco personas que entran en trance, todo lo que el hipnotizador tiene que hacer es mirar a un sujeto, tirar de su brazo y decir «¡Duerme!». ¡La anticipación y la prueba social bastan para hacer el resto!

Veteranos del trance: El trance es una habilidad. Todos podemos hacerlo hasta cierto grado, pero en algunas personas es algo natural. Para la mayoría de nosotros, entre más experimentemos el trance, mejor lo haremos, y entraremos en él más rápido y más profundo. Muchas veces, la gente que ha experimentado el trance y sabe cómo se siente puede ponerse a sí misma otra vez en ese estado con poca o ninguna ayuda del hipnotizador. La inducción rápida funciona bien para estas personas, especialmente si les has dado una orden post-hipnótica de regresar al trance cuando se dé la orden.

Niños: Los niños son conocidos por su imaginación. Amigos imaginarios, mundos imaginarios (¡mis hijos sacan a relucir promesas imaginarias que <u>supuestamente</u> les hice!)... ¡Pasan gran parte del tiempo en un estado alterado! Debido a esto, usualmente resulta muy sencillo hacer que un niño entre en trance usando una inducción rápida. De todos modos, la mayoría de los niños no responderán a inducciones más largas y aburridas; además, las inducciones rápidas pueden resultar divertidas para los niños de cualquier edad.

Intervenciones

Ahora te voy a decir algo que te va a sorprender: Nunca nadie ha sido curado con hipnosis. Así es. La hipnosis no es, en sí misma, una **cura** para <u>ninguna cosa</u>. En cambio, es una herramienta —muy poderosa— que te permite hablarle directamente a la mente inconsciente de tu sujeto. La hipnosis no es la que obtiene resultados, son las órdenes y sugestiones que se dan <u>en</u> la hipnosis las que dan resultados. Esta parte del proceso se llama la *intervención*, y lo que dices en este momento es lo más importante.

El valor de los guiones

Hay muchas opiniones respecto a los guiones. La mayoría de los hipnotizadores creen que los guiones son inútiles porque son demasiado genéricos y no se concentran en las necesidades y situación específica del sujeto. Algunos creen que los guiones son fabulosos porque son puestos a prueba, una y otra vez, de lo contrario la gente no los distribuiría.

Yo tiendo a tomar el punto medio en este asunto. Creo que los guiones son un punto de partida excelente. Son un registro de algo que alguien hizo, que funcionó una vez sobre un sujeto bajo ciertas condiciones. Muchas veces, especialmente en el caso de los hipnotizadores principiantes, los guiones son la única manera para comenzar. Después de todo, al principio, ¡usualmente necesitas algo de inspiración!

Por favor observa que dije que los guiones son un buen punto de partida. Sólo deben ser utilizados para obtener una idea general de lo que se debe hacer; además, generalmente no deben ser leídos palabra por palabra.

Por ejemplo, si tu sujeto ya tiene los ojos cerrados, puede ser contraproducente estarle diciendo, «tus párpados se están volviendo más pesados..., sentirás que tus ojos se están cerrando... Tus párpados se están cerrando lentamente». Este tipo de error es posible si estás leyendo textualmente un guión y no estás prestándole atención a tu sujeto. También puede resultarle muy molesto, provocando que salga del trance.

Lo más importante que puedes hacer es estar entonado con tu sujeto. Presta atención a su fisiología y lenguaje corporal, y personaliza tu sesión. Esto te dará un mejor nivel de rapport y le ayudará a tu sujeto a entrar en el trance más profundo que le sea posible.

Visualización y sincronización futura

La visualización y la sincronización futura son conceptos similares, y dos de las maneras en que puedes reforzar sugestiones e intervenciones en tu sujeto.

A menudo, una sugestión excelente puede derrumbarse bajo las condiciones del mundo real. Por ejemplo, alguien que ha recibido sugestiones para *dejar de fumar* puede seguirlas muy bien hasta la noche del viernes, cuando sale a beber con sus amigos en el club.

Aquí es donde la visualización se vuelve muy importante, si no es que esencial. La idea es hacer que las personas visualicen, tan vívidamente como sea posible, un momento en el futuro donde han obtenido el éxito que desean. Se visualizarán a sí mismas con todos los recursos nuevos que han adquirido (es decir, la habilidad de rechazar un cigarro o comer sensatamente o poseyendo confianza en sí mismas), y usando esos recursos exitosamente.

Sincronización futura es un tipo específico de visualización en la cual primero obtenemos todos los detalles del sujeto sobre cómo se imagina disfrutando de su éxito. Luego, en la hipnosis, le ayudamos a crear la escena, escuchar los sonidos y sentir las sensaciones del éxito.

Esto le permite a los sujetos experimentar su éxito inmediatamente. La clave es que lo realizan en la seguridad y comodidad de tu presencia, en lugar de hacerlo en el mundo real, que está lleno de trampas y tentaciones. También tiene otro beneficio, ya que puedes recibir inmediatamente la valiosa retroalimentación de tus clientes. Si tuvieron problemas imaginando el éxito, podrías re-hipnotizarlos y darles otra vez sugestiones clave. Es mejor dedicar algo de tiempo en la primera sesión, que el sujeto regrese más tarde después de fracasar.

Otras formas de visualización también pueden ser muy útiles. Las visualizaciones pueden ayudar a calmar y relajar, incluso existen estudios que demuestran que la visualización puede activar poderosos mecanismos de sanación en el cuerpo.

Órdenes y sugestiones post-hipnóticas

Podemos hablar mucho sobre la estructura de una buena orden o sugestión. Una comunicación buena, clara y concisa es vital para dar sugestiones exitosas.

Se han escrito libros enteros sobre el arte de la sugestión y la persuasión. Revisa la bibliografía para

> ### ¡Enfócate en Esto!
>
> Estas técnicas no solo son valiosas mientras tienes un sujeto bajo hipnosis. ¡También funcionan muy bien cuando la gente sale del trance!
>
> Pruébalas con tus hijos, cónyuge, compañeros de trabajo... ¡con cualquiera! Verás mejores resultados en tu comunicación diaria, ¡garantizado!

más referencias sobre la sugestión. Por ahora, estos son algunos consejos para empezar.

Sé congruente: Cuando formes una sugestión, la inflexión y tono de tu voz siempre debe concordar con el significado que pretendes darle. En el caso de frases, tu tono e inflexión deben permanecer relativamente planos o constantes. En el caso órdenes, tu inflexión debe bajar ligeramente al final de tu oración. En el caso de una pregunta, tu inflexión debe subir al final de tu pregunta. Esto puede parecerte muy sencillo; sin embargo, no te imaginas la cantidad de hipnotizadores principiantes que se olvidan de la tonalidad y dicen, con su tono de voz, algo como esto: «¿En un momento serás un no fumador?». Esto no sólo confunde al sujeto sino que también provoca que la sugestión sea menos efectiva.

Sé cuidadoso: Asegúrate de especificar exactamente qué es lo que quieres. Le estás hablando directamente a la mente inconsciente, la cual puede tomar las cosas literalmente.

Si estás trabajando con alguien que quiere bajar de peso, tu primera reacción podría ser sugerirle: «A partir de ahora, comerás menos».

Esta sugestión puede parecerte perfectamente aceptable. Pero, recuerda, ¡estás escuchando esto con tu mente consciente! Para la mente inconsciente, esto podría significar algo tan trivial como comer un bocado menos en cada comida. O peor, el subconsciente podría interpretarlo como: «A partir de ahora, sólo comeré una vez al mes». Como puedes ver, es importante ser cuidadoso.

En nuestro ejemplo anterior, una mejor sugestión podría ser: «A partir de este momento sólo querrás comer regularmente alimentos saludables. Los chocolates, dulces y alimentos grasosos sólo los comerás moderadamente o en ocasiones especiales. Decidirás cuándo terminaste de comer en base a tus necesidades y satisfacción. Después de ingerir cada bocado conscientemente revisarás tu estómago para ver si necesitas comer más. Dejarás de comer cuando te sientes placenteramente cómodo, en el 6 en una escala del uno al diez, donde uno es tener hambre y diez estar lleno». Como puedes ver esta sugestión deja muy poco a la interpretación, y rendirá mucho mejores resultados que una sugestión vaga.

Sé positivo: No puedo enfatizar esto lo suficiente. Debido a la manera en que funciona el cerebro humano, no podemos procesar las frases negativas muy efectivamente. Por ejemplo, yo podría decir: «No pienses en un árbol azul. Hagas lo que hagas, no pienses en cómo se vería un árbol azul, con sus hojas azules y su corteza azul. Deja de pensar en un árbol azul». ¿En qué pensaste? En un árbol azul, ¡por supuesto! No puedes pensar en lo que no quieres pensar sin pensar en ello. ¡Considéralo!

Nuestras mentes son bastante simbólicas. Pensamos en símbolos y tenemos que convertir las palabras en símbolos para comprenderlas. Así pues, cuando interpretamos una comunicación negativa, el cerebro primero hace un símbolo, una imagen, de la cosa que se está mencionando y luego la anula (a veces).

Por ejemplo, ¿alguna vez has notado que cuando alguien le dice a su hijo «¡No tires la leche!», lo primero que hace el niño es voltear el vaso? El error sencillo que cometió el padre fue que no hizo una sugestión positiva. El cerebro del niño hizo un símbolo de él tirando la leche y el niño actuó antes de que el cerebro tuviera la oportunidad de anularlo. En efecto, le dio a su hijo una sugestión hipnótica y el niño la aceptó.

Una sugestión más productiva podría sonar más o menos así: «Asegúrate de mantener tu vaso derecho», o «Por favor, mantén la leche en tu vaso o en tu boca», o simplemente, «Ten cuidado con la leche».

Al principio, hablar positivamente puede sonar chistoso, porque somos muy simbólicos. Tendemos a hacer en nuestra mente un símbolo de lo que no queremos que pase, y luego lo convertimos en lenguaje que incluye la palabra «no». Es simplemente la manera en que funciona nuestra mente. Es una manera muy eficiente de hablar, pero no una manera muy eficiente para comunicarnos con los demás.

Entonces, por muy chistoso que pudiera sonar en un principio el lenguaje positivo, es <u>mucho</u> más poderoso e influyente hablar así. Quizás tengas que ser un poco creativo para lograr una buena expresión, pero el hecho es que es más fácil que el sujeto acepte las sugestiones positivas y tienen una probabilidad mucho más grande de ser aceptadas por lo que son.

La clave consiste en imaginar lo que quieres, en lugar de lo que no quieres. Entonces, el lenguaje se vuelve más sencillo.

Apilar sugestiones: *Apilar sugestiones* es sencillamente enlazar sugestiones de modo que el sujeto tenga menos probabilidades de rechazar el grupo de sugestiones.

En general, a la gente le gusta complacer. Usualmente nos gusta complacer a los demás y respondemos a solicitudes sencillas. Sin embargo, si haces una solicitud después de otra, tu sujeto podría mandarte al infierno por pedirle demasiado.

La clave radica en agrupar sugestiones. Si agrupas correctamente tus sugestiones, tienes una mejor oportunidad de influenciar a la otra persona.

El principio básico funciona así. Supón que les pides a tus hijos que recojan sus bicicletas. Cuanto lo hagan, les pides que cierren la cochera. Les has pedido que hagan dos cosas individuales, que ellos evaluarán separadamente y pueden o no, rechazar una o ambas. Quizás recogerán sus bicicletas y olvidarán cerrar la cochera, o cerrarán la cochera y olvidarán la bicicleta. Quizás olviden hacer ambas cosas.

Ahora, considera este fraseo: «Por favor cierren la cochera cuando recojan sus bicicletas». Aquí has agrupado las sugestiones. Tus hijos tendrán que evaluar estas sugestiones como un todo, y debido a nuestra naturaleza dócil, lo más probable es que respondan favorablemente a ambas.

Presuposiciones: *Presuposición,* es una palabra formal que simplemente significa «suposición», y las presuposiciones son sumamente poderosas.

En toda conversación, hay cosas que se suponen. Estoy intentando hacer que mis pensamientos lleguen a ti, y tú estás intentando que los tuyos lleguen a mí. Sin embargo, nadie puede conocer los pensamientos de otra persona con tanto detalle como los propios. Así pues, cuando los demás nos están hablando, tendemos a «leer la mente», a buscar el significado detrás de sus palabras. En otras palabras, le damos a sus palabras nuestros propios significados, basados en nuestras experiencias, creencias, valores y recuerdos subjetivos.

Sabiendo esto, podemos usar estas presuposiciones, para comunicar ideas al sujeto que eludirán su proceso de pensamiento crítico.

Por ejemplo, si le estoy hablando a un cliente potencial, podría decirle: «Realmente disfrutarás las sensaciones que experimentarás cuando entres en trance». En este caso, estoy presuponiendo varias cosas. Por supuesto, le estoy diciendo al sujeto que tendrá sensaciones que serán agradables. Sin embargo, para que esto suceda, debemos presuponer que el cliente se dejará hipnotizar por mí de manera voluntaria y exitosa, porque la presuposición en la oración es «cuando entres en trance».

Este es un truco que se utiliza muy a menudo en ventas cuando el empleado se te acerca y te dice: «¿Le gustaría pagar su mercancía en efectivo o con cargo a su tarjeta?». No te preguntó si querías comprarla... está presuponiendo eso al hacerte una pregunta que asume que la comprarás. En esencia, te está diciendo: «Sé que va a comprarla, entonces, ¿cómo le gustaría pagarla?».

Esta es una técnica muy sencilla, pero muy poderosa. Descubrimos cuán poderosas son estas técnicas en nuestros entrenamientos de Programación Neuro-Lingüística, cuando abordamos las presuposiciones con gran detalle.

Apila realidades: Otro ejemplo de agrupación o formar capas es *Apilar realidades*. Frecuentemente a esto se le llama sincronizar la realidad, y ha sido utilizado en ventas bajo el nombre de *Sucesión de Sí*. En cierta medida es una combinación de las dos técnicas anteriores.

Cuando apilas realidades, afirmas cosas que aparentemente son obvias y verificables para el sujeto —cosas a las que el sujeto sólo puede decir *sí*—, para persuadirlo para que diga sí a la sugestión <u>quieres</u> que acepte. Es difícil que una persona rechace una parte de la frase si ha aceptado las demás.

Por ejemplo, yo podría decir: «Estás sentado ahí, leyendo este libro, aprendiendo hipnosis, pensando esos pensamientos y sintiendo esos sentimientos, mientras sigues respirando de esa manera, repentinamente deseas <u>asistir a todos los entrenamientos en vivo que imparte Transform Destiny</u>».

Lo que he hecho ingeniosamente se llama apilar realidades. Hay seis realidades verificables en la oración anterior, y una sugestión que espero se convertirá en realidad. Al apilar realidades, te he hecho decir: «Sí estoy sentado, sí estoy leyendo, sí estoy aprendiendo hipnosis, sí estoy pensando pensamientos, sí estoy sintiendo sentimientos, sí estoy respirando», y después debido a pura repetición y costumbre, probablemente también estarás de acuerdo con que «¡Sí, quiero asistir a todos los entrenamientos en vivo que imparte Transform Destiny!».

Cuando apilas realidades en una sesión hipnótica, a menudo la única realidad que podemos apilar es la experiencia del sujeto. Dado que obviamente no hemos perfeccionado el arte de leer la mente o aprendido el Método Vulcano para Derretir Mentes, <u>realmente</u> no sabemos qué está sintiendo o experimentando el sujeto, porque la hipnosis es muy subjetiva.

La respuesta a este misterio yace en los estilos utilitarios de Milton H. Erickson. Al usar palabras vagas y ambiguas podemos —más o menos— describir la experiencia del sujeto. Este es un ejemplo:

«Estás sentado ahí... pensando esos pensamientos... sintiendo esas sensaciones... percibiendo la temperatura de una mano o un pie... quizás una pierna... preguntándote qué pasará a continuación... sabiendo que puedes *cerrar los ojos y relajarte* en cualquier momento que lo desees».

Esta es otra técnica muy poderosa que puede aplicarse en la comunicación diaria.

Metáfora

Las historias han sido usadas desde tiempos inmemoriales para enseñar, entretener y sanar. En el campo de la hipnoterapia, una metáfora es un tipo de historia que posee un significado específico, personal y terapéutico para el sujeto. Usualmente, las metáforas son historias cortas que, cuando son interpretadas en el nivel inconsciente, proporcionan nuevos recursos o soluciones al sujeto.

La estructura y creación de metáforas terapéuticas está más allá del alcance de este libro. Aprender a estructurar metáforas puede ser muy valioso para el hipnoterapeuta practicante. Esta habilidad se enseña en detalle en nuestros entrenamientos para Practicantes y Maestros Practicantes de PNL. Revisa www.transformdestiny.com para obtener mayor información. La bibliografía tiene listados libros geniales que contienen metáforas pre-escritas.

Programación Neurolingüística (PNL)

La Programación Neurolingüística es un campo que usa técnicas muy poderosas que está estrechamente relacionado con la hipnosis y la hipnoterapia. Tiene un nombre curioso, así que veamos qué significa:

Programación: Programas, patrones y sistemas que accionamos en nuestra mente.

Neuro: Tiene que ver con la neurología —o el cerebro— y cómo experimentamos nuestro mundo a través de nuestros sentidos: visual, auditivo, kinestésico, olfativo y gustativo.

Lingüística: Tiene que ver con nuestro lenguaje y nuestra comunicación no verbal. Le damos significado a esta comunicación en términos de nuestras representaciones neuronales internas: imágenes, sonidos, sentimientos, olores, sabores y conversación interna.

Por lo tanto, la Programación Neurolingüística es cómo usamos el lenguaje de la mente para programarnos a nosotros mismos y ayudar a los demás a crear una vida extraordinaria. La PNL se utiliza para modelar excelencia, eliminar emociones negativas, destruir creencias limitantes, deshacer decisiones limitantes y crear un futuro irresistible.

Si alguna vez has visto la película *El Secreto* probablemente terminaste sintiéndote verdaderamente inspirado, pero sin ninguna idea de cómo hacerlo. En términos de desarrollo personal, la PNL te da la mecánica detrás de la Ley de Atracción.

En términos empresariales, la PNL te da las herramientas para llevar cualquier empresa al siguiente nivel y más allá.

En términos de terapia, los entrenamientos en PNL normalmente te certifican como Practicante o Maestro Practicante para que puedas trabajar con los demás como terapeuta profesional y/o coach.

Acoplar la hipnosis y la PNL puede ser muy benéfico; en ocasiones hace toda la diferencia entre el éxito y fracaso de un sujeto. A menudo, la PNL se puede usar en lugar de la intervención hipnótica, como en las técnicas de cambio rápido utilizadas para curar fobias, y después usar la hipnosis solamente para sincronizar el futuro del sujeto y reforzar el tratamiento.

La PNL va más allá del ámbito de este libro. No sólo es un campo, también puede ser una manera de vivir en muchos aspectos. Ha creado un éxito radical en mi vida, y las vidas de muchas de las personas con las que trabajo y entreno. Para saber más sobre la PNL, consigue una copia de *Learn NLP… Now!*, o únete a nosotros en uno de nuestros entrenamientos en vivo. Puedes aprender más sobre este asombroso campo en www.transformdestiny.com.

Resumen

Como puedes ver, la hipnosis es un campo amplio y variado. Existen muchos estilos y técnicas diferentes a tu disposición. Cada una posee sus propias virtudes. Ninguna de ellas es la hipnosis en sí, pero todas juntas conforman la hipnosis. En el capítulo siguiente, comenzaremos a revisar algunas de estas técnicas a fondo.

Parte II: Técnicas

CAPÍTULO 2
RUTAS HACIA LA HIPNOSIS

HAS LLEGADO HASTA AQUÍ: ¡FELICIDADES! Estás *a punto* de aprender a hipnotizar de verdad a las personas.

En este capítulo, vamos a abordar el meollo de la hipnosis. Aprenderás la tonalidad y actitud que debes tener, así como a utilizar los guiones de ejemplo para hipnotizar a la gente. ¡Aquí es donde <u>de verdad</u> viene lo bueno!

Aunque he procurado que el aprendizaje de la hipnosis a través de este libro sea lo más fácil posible, nada se compara con la diversión, aprendizaje y experiencia de una capacitación en vivo. Nuestro entrenamiento de introducción a la hipnosis sólo toma un fin de semana, el cual será uno de los fines de semana más divertidos y memorables que hayas tenido en toda tu vida. Visítanos en internet en www.transformdestiny.com para reservar un lugar en uno de nuestros entrenamientos en vivo, o llámanos al 800-497-6614.

Inflexión de la voz (Tonalidad)

Una de las preguntas más comunes es: «¿Qué voz debo usar para hipnotizar a la gente?».

Contrario a la creencia popular y demás falsedades que hayas leído en otros libros, ¡el tono agudo o grave de tu voz no es muy importante para inducir el trance! De lo contrario, la mayoría de las mujeres (¡y muchos hombres!) serían inherentemente malos hipnotizadores.

Las dos cualidades vocales más importantes que deben preocuparnos son la *inflexión de la voz* y el *compás*. La inflexión tiene más que ver con las cualidades de tu voz, tales como su homogeneidad, volumen e incluso con los matices emocionales, que con el tono, mientras que el compás describe la velocidad y ritmo de tus palabras.

Es importante que transmitas sensaciones de relajación y despreocupación con tu voz, usando una voz suave, medio susurrante, dicha a media voz con un volumen de bajo a medio, y un compás lento y metódico.

Piensa en cómo podrías leer un cuento para dormir a un niño pequeño. En mis entrenamientos de hipnosis, siempre reproduzco una grabación de un antiguo comercial de Taco Bell® donde un perro Chihuahua, con una voz hipnótica dice: «Te está dando muuuucho sueño... No, espera; te está dando mucha hambrrrre...».

Sólo cerciórate de transmitir con tu voz el estado que les quieres inducir. Un estudio realizado hace muchos años muestra que las palabras que dices sólo representan el 7% de tu comunicación total. El tono de la voz y el lenguaje corporal son mucho más importantes, ya que representan el 93% restante. Así, si les dices rápidamente con tu voz nasal más irritante: «¡¡¡TE ESTÁ DANDO MUCHO SUEÑO!!!», con toda seguridad harán exactamente lo contrario. Por lo tanto, dilo lentamente, y utiliza una voz agradable, tranquila y suave.

Congruencia

Los efectos de la *congruencia* del hipnotizador son de suma importancia. Debido a que la hipnosis es una actividad cooperativa, el hipnotizador debe *creer* fervientemente que el sujeto <u>entrará</u> en trance y aceptará sus sugestiones. Si existe la menor duda en la mente del hipnotizador, esta será comunicada al sujeto de manera no verbal. Por lo tanto, si el sujeto no cree que algo pueda ser arreglado o logrado utilizando la hipnosis, tus probabilidades de éxito se volverán mucho menores.

Este concepto se extiende directamente hacia ti. Asegúrate de que tu lenguaje corporal, tono vocal y actitud reflejen la probabilidad y certeza de la sugestión que le estás dando al sujeto, de lo contrario el sujeto captará tu incongruencia. No estoy diciendo que tú tengas que creer en las sugestiones, sólo que transmitas la actitud de que tu sujeto puede llevar a cabo la sugestión. Por ejemplo, yo puedo hacer regresiones a vidas pasadas, aunque no necesariamente creo en las vidas pasadas. Lo importante aquí es que creo que la regresión a vidas pasadas puede ayudarle al sujeto si éste cree que eso puede ayudarle. Sólo mantén abierta tu mente, como mi abuela solía decir, finge hasta que lo consigas.

Fijación ocular

Un pequeño comentario sobre la *fijación ocular*. Tal vez leas varios libros que te digan que la fijación ocular es lo más importante en la hipnosis. En mi opinión, cortésmente puedes desechar esa teoría.

Aunque la fijación ocular era considerada de suma importancia en las primeras formas de hipnosis, se ha descubierto que sólo servía para cansar los ojos y para enfocar al sujeto en algo. Eso no <u>induce</u> la hipnosis. Si bien puede ser una herramienta útil, no es necesaria, como insisten incesantemente algunos libros clásicos.

Algunos hipnotizadores trabajarán por una hora o más para lograr que los ojos se cierren mediante la fijación y seguirían haciéndolo, incluso si su sujeto hubiera entrado en trace en los primeros cinco minutos. Yo prefiero evitarme todas esas pretensiones y sólo decir: «Por favor, cierra los ojos… ahora».

Algunos guiones pueden incorporar la fijación ocular, y está bien. No hay nada inherentemente malo con intentar hacer que se cierren los ojos mediante la fijación ocular; sin embargo no dejes que domine a expensas de todo lo demás.

Realización de pruebas de susceptibilidad

Existen algunas «pruebas» estándar que realizan muchos hipnotizadores. Tradicionalmente, se ha enseñado que estas pruebas demuestran cuán sugestionable —o susceptible a la hipnosis— es una persona. Tiendo a creer que sirven para un propósito mucho mayor.

Verás, podemos determinar cuán sugestionable es una persona observando sus señales físicas durante la inducción. Podemos darle sugestiones no verbales y ver si las sigue inconscientemente. No necesitamos tontos trucos de salón para determinar cuán sugestionable es.

En mi opinión, la verdadera razón para realizar estas «pruebas» es para comprobarle a tu <u>sujeto</u> que puede ser hipnotizado, no para probártelo a ti. El éxito llama al éxito, por lo tanto, cuando tu sujeto logra estas hazañas aparentemente asombrosas —pero increíblemente sencillas y automáticas—, confiará mucho más en tus habilidades como hipnotizador, y en sus propias habilidades como sujeto.

Aunque los resultados de estas pruebas son prácticamente automáticos hasta en los sujetos más resistentes, en algunas personas simplemente no funcionarán. De la misma manera que el éxito llama al éxito, el fracaso llama al fracaso; así pues, recuerda tres puntos importantes cuando realices estas pruebas:

¡No les llames <u>*pruebas*</u>! ¡Es asombroso ver cómo cambia la perspectiva de una persona sobre una actividad tan pronto como la etiquetas como «prueba»! El simple hecho de llamar a algo «prueba» puede provocar que la gente entre en pánico, tenga ansiedad o comience a preocuparse y distraerse con los resultados. Haz que estos ejercicios parezcan sencillos y con poca presión, llamándolos experimentos o juegos que les permitirán experimentar un poquito de hipnosis.

A mí me gusta llamarlos «Experimentos Divertidos para tu Mente Inconsciente».

No divulgues los detalles de la prueba. Simplemente comienza las pruebas sin entrar en detalles sobre cuál es el resultado anhelado. Esto evitará que el sujeto diga que la prueba falló si cree que no alcanzó el resultado esperado. Esto también evitará que finja los resultados, y luego diga que no funcionó porque sólo estaba tratando complacerte. Si no sabe cuál se supone que debe ser el resultado, puedes enmarcar el resultado en la manera que lo desees.

***Todo mundo* aprueba.** Como estas no son *pruebas*, no existe motivo para calificar a nadie. Permite que el éxito llame más éxito. No importa cómo lo hizo, incluso si no lo hizo, dile que hizo un gran trabajo y que es un **excelente** sujeto de hipnosis. Dado que no divulgaste los detalles de las pruebas, no tiene motivo para poner en duda tu juicio.

Haz que sean divertidas y que giren en torno a *él*. En lugar de que estas tengan que ver con cuánto supuesto poder tienes sobre él, haz que giren en torno a él. Dile que esto le probará cuánto poder tiene sobre sí mismo. Además, hazlo con un poco de estilo y haz que sean divertidas. Entre más divertidas y menos desafiantes las hagas, más estará dispuesto a seguirte la corriente y dejar que las cosas funcionen.

Pruebas de susceptibilidad

Este es un guión de las pruebas de susceptibilidad de una sesión típica. El texto en cursiva se refiere a una orden insertada. Hablaremos de éstas en detalle más adelante; por ahora, sólo recuerda que se deben decir con una inflexión o compás ligeramente diferente, con el fin de indicarle la orden a la mente subconsciente.

Introducción

Ya te he explicado los principios básicos de la hipnosis, lo que experimentarás, lo que sentirás... Entonces hagamos un par de pequeños experimentos de susceptibilidad y podrás ver de qué se trata todo esto. Podrás ver exactamente el poder que tiene tu imaginación sobre tu cuerpo.

La prueba del limón

Comienza sentándote en tu silla, muy relajado, con los ojos cerrados, pies en el suelo, y manos en tu regazo... Muy bien.

[Asegúrate de que sigue tus instrucciones. De ser posible, dale un ejemplo sentándote con los pies en el suelo, manos en tu regazo y relajado. La mejor manera de dar una sugestión es dando el ejemplo mientras le das instrucciones.]

Imagínate a ti mismo, ahora, sentado en el lugar más cómodo de tu sala. Puedes *sentir la comodidad de tu casa* mientras descansas en tu silla o sillón favorito... Donde quiera que estés... Ve esas cosas... Escucha esos sonidos... Y siente esas sensaciones de estar en... *casa.*

[Haz una pausa por un momento para permitir que estas imágenes y sensaciones sean asimiladas. Hay un propósito doble para esta introducción. Primero, queremos poner en marcha la imaginación del sujeto. Le estamos mostrando el poder de su imaginación, para que podamos crear una imagen/sonido/sensación tan vívida como sea posible, usamos términos muy generales para que no haya incongruencias con el recuerdo que el sujeto tiene de su propia casa.

El segundo propósito es que, a medida que describimos la escena, el sujeto «vaya hacia dentro» y comience a experimentar las imágenes, sonidos y sensaciones de estar en su casa. Esto incrementará automáticamente tu *rapport* haciendo que él/ella se sienta tan cómodo(a) como si estuviera en su propia sala.]

Imagina lo que se siente al comenzar a poner tus pies sobre el suelo y pararte. Siente la textura alrededor de tus pies y dedos... Siente los músculos en tus piernas dándote soporte... Siente el peso de tu ropa a medida que comienzas a caminar hacia la cocina.

[Esto simplemente son más imágenes para guiar al sujeto a un estado orientado internamente. Haz una breve pausa (tres a cinco segundos) para dejarlo absorber los detalles y llegue a la cocina.]

A medida que entras a la cocina y comienzas a dirigirte hacia el refrigerador, puedes sentir la solidez fría del suelo bajo tus pies... disfruta las imágenes del cuarto... Huele los olores que tienen todas las cocinas. Observas la puerta del refrigerador a medida que tu mano alcanza la agarradera.

[Sigue inundando sus sentidos con imágenes (visual), sonidos (auditivo) y sensaciones (kinestésico).]

Tiras de la agarradera... Al principio encuentras resistencia... luego escuchas el sonido familiar cuando se separa el sello, la puerta se abre y se enciende la luz interior. Miras dentro y buscas un tazón de limones amarillos, brillantes, perfectamente maduros. Puedes escuchar que el ventilador del refrigerador se enciende mientras sientes el aire frío que pasa inesperadamente por tu rostro.

Extiende la mano y saca un limón del tazón. Mientras *sientes la cáscara fría y desigual del limón, firme en tu mano,* cierras la puerta y te diriges a la mesa, donde verás un cuchillo bastante grande y una tabla para cortar.

Coloca el limón sobre la tabla para cortar y toma el cuchillo. Siente el peso del cuchillo en tus manos. Sostén el limón y comienza a cortarlo por la mitad. Siente el jugo que sale con ligeros borbotones por tus manos mientras ves el limón partido por la mitad. Huele ese olor alimonado... Mmmmm. Toma una mitad de ese limón. Ve la luz que destella en su interior; corta esa mitad por la mitad, para que tengas un cuarto de limón. Puedes escuchar cómo se desgarra la pulpa del limón a medida que el cuchillo lo rebana. Toma ese cuarto de limón... sientes algo de jugo deslizándose por tu mano cuando lo levantas... llévalo a tus labios y ¡dale una gran mordida!

[En ese momento haz una pequeña pausa. Observa que el sujeto frunce la boca, cosa que invariablemente sucede, y dile...]

Abre tus ojos. ¿Notaste que hay más saliva en tu boca?

[Asiente que «Sí» con tu cabeza cuando le hagas esta pregunta y mira al sujeto directo a los ojos. Esto le ayudará a darse cuenta de que debe estar pensando: «Sí». Lo cierto es que la mayoría de las personas no son conscientes de cuánta saliva hay en sus bocas en algún momento dado; por lo tanto, si les haces esta pregunta convincentemente, lo más probable es que te contestarán (y lo creerán) «Sí»... incluso si no tenían más saliva en su boca. Esto los asombrará y les enseñará el poder de su propia mente sobre sus cuerpos.]

Acabas de experimentar el poder que tu mente tiene sobre tu cuerpo. Le has dado una mordida a un limón imaginario, pero tu cuerpo ha reaccionado como si le hubiera dado una mordida a un limón real, haciendo que frunzas los labios y ¡haciendo que comenzaras a salivar! ¡Hagamos unos cuantos experimentos rápidos más!

Prensa para dedos

Muy bien, ponte de pie; comienza juntando tus manos enfrente de ti... dedos entrelazados, pulgares uno arriba del otro. Bien. Ahora, apunta tus dos dedos índices hacia mí. Genial... apriétalos lo más fuerte que puedas, porque en un momento, vamos a regresar a esta posición...

[Haz una pausa de dos a tres segundos mientras aprieta fuertemente sus dedos índices.]

Ahora, abre esos dedos lo más que puedas, manteniendo los demás dedos entrecruzados. Voy a poner una pequeña prensa hipnótica en tus dedos... sin tocarte; le voy a dar vuelta a los pequeños tornillos de la prensa y voy a cerrar tus dedos, en la misma posición que estuvieron hace un momento.

[Con tus manos a cada lado de sus dedos índices estirados, comienza a dar vuelta a los tornillos imaginarios en direcciones opuestas, como si estuvieras apretando una prensa alrededor de sus dedos. Él verá con asombro cómo se cierran automáticamente sus dedos, a pesar de que ni siquiera los tocaste. Este truco, a pesar de ser una prueba de sugestión, es ayudado un poco por la fisiología humana. Los dedos están más cómodos en una posición de descanso, y fácilmente se retraerán a esa posición con muy poco esfuerzo. Sólo se requiere una mínima sugestión para hacer que comiencen a cerrarse.]

Sólo unos cuantos giros a la prensa hipnótica y... ahí van. Dedos cerrados. ¡Excelente! ¡Probemos otro!

Prueba de oscilación

Por favor párate derecho, con los pies juntos y los brazos a tus costados. Mira hacia el techo, con la nariz apuntando hacia arriba, y cierra los ojos. ¡Genial!

[En este momento, camina por detrás del sujeto y PREPÁRATE, con un pie delante del otro, como si fueras a empujar o atrapar algo pesado.

Para esta prueba, deberás colocar tus manos cerca de los hombros del sujeto todo el tiempo para evitar que se caiga (¡lo cual pondría fin a todo el buen rapport que acabas de construir!) Recuerda que a algunos clientes no les gusta ser tocados... asegúrate de que tus manos se mantengan lejos del área del pecho; además, siempre avísale antes de tocarlo si tiene los ojos cerrados.]

Imagina que estás en un pequeño bote, navegando en el mar. Puedes oler el agua salada y ver el hermoso cielo azul. Es un día con viento y puedes sentir a las olas ondulando por debajo del barco hacia arriba y hacia abajo, de atrás hacia delante, de atrás hacia delante. Sientes cómo te balanceas de atrás a adelante, de atrás a adelante a medida que las olas se hacen más grandes... y más grandes... de atrás hacia delante, de atrás hacia delante y... [*Empuja*]. ¡Muy bien!

[Esta es otra prueba que es ayudada un poco por la fisiología humana. La persona promedio no puede estar parada con los pies juntos, manos a los costados y la nariz apuntando hacia arriba sin oscilar por lo menos un poquito. Por lo tanto, sincroniza tus «adelante» y «atrás», «atrás» y «adelante» con los movimientos del sujeto, si en efecto se está moviendo. Cuando llegas al punto en que dices *Empuja*, empuja suavemente al sujeto en la parte superior/frontal de los hombros y déjalo caer hacia atrás, *muy ligeramente*. Sólo dos o cuatro centímetros es *suficiente*, especialmente cuando tiene los ojos cerrados. **Asegúrate de hacer esto cuando se balancee hacia atrás y no hacia delante**, ¡de lo contrario sus movimientos actuarán en tu contra! No luches contra las leyes de la física, porque la física ganará. Si el sujeto ya se está balanceando hacia atrás en tu dirección, no debes empujarlo muy fuerte... una simple palmadita servirá. El sujeto deberá caer hacia atrás muy fácil y ligeramente dos o cuatro centímetros antes de que lo atrapes con tus manos por detrás de los hombros. Luego empújalo suavemente hasta que esté derecho, para ayudarlo a recuperar el equilibrio.

Es sumamente importante que recuerdes estar preparado. He visto a mujeres muy pequeñitas derribar a hombres grandes y musculosos sólo porque los hombres estaban parados con los pies juntos y por lo tanto no tenían una base estable. No importa cuán grande o pequeño sea tu cliente, siempre debes estar preparado.]

Brazos pesados/ligeros

¡Excelente! Hagamos esto. Siéntate derecho en tu silla y mantén tus brazos extendidos delante de ti como si fueras un zombi. Sacude los brazos. No tienen que estar totalmente relajados, pero los puedes tener relajados en esta posición. Bien... Cierra los ojos... Ahora quiero que elijas una mano, no importa cuál... Elige la que quiera y voltéala.

[Es importante que recuerdes pedirle al sujeto que cierre los ojos primero, y que luego voltee la mano. Vamos a mostrarle que su mano/brazo va a moverse mediante pura sugestión. Al tener los ojos cerrados, no se dará cuenta de que sus manos **ya se han separado**, con el simple hecho de voltear la mano. De esta manera, si el sujeto no responde, de todos modos obtienes algún resultado. Simplemente actúa como si hubiera hecho un gran trabajo y felicítalo. Recuerda: el éxito llama al éxito. Para efectos de nuestro ejemplo, supongamos que nuestro sujeto volteó su mano derecha.]

¡Excelente! Ahora, quiero que imagines que tengo un libro grande en mis manos. Este es el libro más grande y más pesado de toda la biblioteca. Tiene hojas grandes, gruesas y amarillentas, y una gruesa cubierta de piel. Ahora, puedes escuchar ese golpe en seco cuando pongo ese libro en tu mano derecha ahora. Puedes *sentir el peso de ese libro ahora...* Jalando tu brazo derecho hacia abajo, se vuelve más pesado, y más pesado.

[En ese momento debes ver algún tipo de movimiento. Continua con la siguiente sección, incluso si el sujeto todavía no lo realiza.]

Bien. Ahora, *imagina* que estoy atando en tu muñeca izquierda los globos de helio más grandes y ligeros que jamás hayas visto en tu vida. Observa que el peso del brazo desaparece a medida que el globo se eleva más y más, se hace más y más ligero. A medida que la cuerda se estira, el globo es cogido por el viento y comienza a jalar el brazo hacia arriba, más y más alto. Se está volviendo más y más ligero.

Sí... Siente el peso en tu brazo derecho mientras pongo otro diccionario grande de pasta dura en esa mano, del tipo que encontrarías en una gran biblioteca, *siente el peso* mientras lo pongo encima del otro libro con un gran golpe en seco... muy bien... *Empujando ese brazo hacia abajo...*

Y al mismo tiempo, *siente que tu brazo izquierdo comienza a flotar hacia arriba* mientras añado más globos de helio súper ligero a los que ya tenías, estos *flotan hacia arriba, hacia arriba hasta el cielo.* Tu brazo izquierdo se vuelve más y más ligero mientras los globos toman el control y *elevan tu brazo.*

[Sigue repitiendo este tipo de sugestiones, añadiendo libros, añadiendo globos, hasta que haya una buena distancia entre la mano que está arriba y la que está abajo. Unos 10 o 12 centímetros es suficiente. Si has estado haciendo esto por más de 90 segundos a dos minutos y no has visto resultados, continúa con el siguiente párrafo y enséñale los dos a cuatro centímetros que se separaron sus manos cuando volteó su mano derecha al principio.]

Ahora... Abre los ojos... ¡Mira tus manos! [Pasa tu mano entre sus manos, si hay espacio suficiente.] ¡Observa la cantidad de espacio que hay entre tus brazos! ¿¡¿No es asombroso?!? ¿Ves? ¡La mente humana puede crear un cambio en el cuerpo utilizando solamente la <u>imaginación!</u>

Para este momento, debes tener una buena idea de cuán sugestionable es tu sujeto. Esto te ayudará a calibrar tu persistencia y estilo durante tus inducciones e intervenciones.

Inducciones de trance

Generalidades

Ahora comienza la parte que has esperado leer con ansiedad. ¡Aquí es donde de verdad aprenderemos cómo poner a la gente en trance! Existen cuatro estilos comunes de inducción, pero nos concentraremos en el más sencillo y común en este libro: La Relajación Progresiva. Ningún estilo es mejor que otro. Más bien, cada estilo posee sus propios beneficios en situaciones diferentes, con sujetos diferentes.

Saber cuál estilo usar con qué sujeto vendrá, por supuesto, con el tiempo y la experiencia. Conforme te sientas más cómodo con este guión, probablemente querrás aprender otros estilos. Los estilos de hipnosis de Elman y de Erickson rara vez utilizan guiones. De hecho, funcionan mejor sin guiones; por eso ayuda aprender a hablar hipnóticamente. Cuando estés listo para aprender estos estilos poderosos de hipnosis conversacional, toma uno de nuestros Entrenamientos para Practicantes de PNL, donde serás certificado en Hipnosis Ericksoniana.

El guión siguiente puede usarse textualmente, siempre y cuando le estés prestando atención al sujeto. Esto significa que, por ejemplo, si sus ojos ya están cerrados, podrías saltarte la parte donde le dices que cierre los ojos. Las órdenes insertadas estarán en cursiva y mis comentarios/instrucciones para ti estarán entre corchetes.

Te está dando sueño: Guión de relajación progresiva

Solo *relájate...* Siéntate... Y *cierra los ojos...* Bien... En unos minutos, vas a estar más relajado de lo que <u>nunca</u> antes hayas estado. Voy a comenzar mencionando ciertas partes de tu cuerpo; a medida que lo haga, quiero que sientas que esa parte de tu cuerpo *comienza a relajarse.* Muy bien... sólo *siente* que esa parte de *tu cuerpo comienza a relajarse.*

Comienza imaginándote... acostado en una hamaca, o quizás en una cama, o quizás en una pila de hojas en un bosque maravillosamente tranquilo, seguro... hermoso. El cielo posee un tono azul oscuro espectacular a medida que termina el día. No existen los sonidos del mundo... con excepción de una suave brisa... el perezoso canto de unos cuantos grillos... Y el murmullo hipnótico de un arroyo cercano.

Ahora... Imagina que un resplandor comienza a formarse en la parte superior de tu cabeza...Esta es la luz más relajante y tranquila que jamás hayas visto... conforme esa luz comienza a descender lentamente por el cuerpo, va *relajando completamente* cada músculo, nervio y fibra al tocarlos suavemente.

[Ahora comenzamos a relajar progresivamente todo el cuerpo. Nota que usamos términos como «los brazos» o «la espalda» en vez de «tus brazos» o «tu espalda». Esto se hace para ayudar a facilitar la disociación que es tan importante en la hipnosis.]

Este resplandor maravillosamente relajante ahora comienza a crecer... Y envuelve la parte superior de la cabeza. Puedes sentir que todo el cuero cabelludo *descansa* a medida que comienza a *relajaaarse...* Incluso el cabello parece que se está relajando. Esta bellísima luz crece mucho más... Y conforme toca la frente, puedes sentir cómo desaparecen todas las pequeñas líneas de expresión a medida que cada músculo se relaja... Bien. Comienza a envolver el área alrededor de la parte trasera de la cabeza... las orejas... Todos los diminutos músculos alrededor de las orejas se *relajan...* mejillas... nariz... Y los ojos... se *relajan...* todos y cada uno de los pequeños músculos alrededor de los párpados se *relaaajan* completamente. Tanto así que *ni siquiera deseas abrirlos*... muy bien.

Ahora vamos más profundo, el resplandor comienza a bajar... hacia los labios... *Relajándolos*... Tu boca... y tu mandíbula se *relajan*... Tanto así, que incluso la mandíbula se separa un poco... Muy bien... Este fabuloso resplandor de comodidad... Y relajación... simplemente envuelve toda la cabeza.

Avanzando hacia abajo, puedes sentir la relajación que baja por detrás del cuello... En los hombros y la mitad de tu espalda conforme los hombros comienzan a caer cómodamente... Esta sensación de tranquilidad comienza a crecer... Hacia la columna... Irradiándose por detrás de cada vértebra... Como si fueran pequeñas antenas, emitiendo relajación por toda la espalda... Ahora se está moviendo hacia la cintura... Completamente *relajaaaaado*... completamente cómodo... Mmmm...

Esta increíble sensación... Rodea la cadera conforme la luz desciende hacia las piernas... las corvas de las piernas se están sintiendo *taaan relajaaadas*... se abre paso hacia la parte trasera de las rodillas... hacia las pantorrillas... Alrededor de los talones... Incluso las plantas de los pies están *completamente relajadas* ahora... Conforme este relajante resplandor abraza los músculos. No hay preocupaciones... Ni inquietudes... Sólo unos cuantos momentos de paz total... de relajación total.

Excelente... Lo estás haciendo muy bien... Ahora, comienza a ver que el resplandor baja por la barbilla... y relaja la superficie de la garganta... baja por el cuello... Relajando cada músculo... Cada nervio... y cada fibra... A medida que se extiende a la parte frontal de los hombros... Hacia los brazos... Pasa por los codos... los antebrazos... las muñecas... las manos... y todos y cada uno de los dedos... todo está completamente *relajado*... A medida que *vas más profundo*... Bien.

Ahora la luz continúa *bajando*... Creciendo hacia el pecho... Relajando todos los músculos del pecho... Incluso los pulmones comienzan a relajarse cada vez que inhalas este resplandor... Adentro... afuera... adentro... afuera... adentro... [Sincroniza lo anterior con su respiración. Luego haz una pausa y sincroniza su respiración con la tuya por unos 10 segundos. En la última respiración, di con un suspiro...] Relajándote... Se *siente tan bien* relajarse... Y saber que sin importar cuán profundo vayas, siempre puedes *ir más profundo*...

Ahora va más abajo... Pasando el plexo solar y saturando la sección media... Todos los músculos en esa área *simplemente se relajan...* Muy bien... y la luz sigue creciendo... Hacia la cadera, están tan relajadas. Hacia los muslos... los cuádriceps están totalmente sueltos... Laxos... Como ligas. Se siente muy cómodo... Sigue creciendo... Por arriba de las rodillas... espinillas... tobillos... la parte superior de tus pies, y todos y cada uno de los dedos están completamente cómodos... completamente relajado... Sin preocupaciones... Sin inquietudes... el día de hoy está en el pasado y el mañana está a miles de kilómetros de distancia.

[Aquí haz una pausa de ocho a diez segundos para permitirle a tu sujeto que lo absorba y contemple en silencio.]

A medida que comiences a flotar, y admiras el maravilloso paisaje de tu bosque, observas una hermosa escalera de piedra que desciende hacia un valle seguro y sereno de total paz y relajación. Esta escalera te llevará a un hondo estado de profunda, profunda hipnosis. Ahora vamos a descender por estas escaleras, y a medida que cuente hacia atrás del diez al cero, cada número que diga te llevará mucho más profundo, más y más profundo.

[Haz una pausa de alrededor de cinco segundos, luego comienza.]

Diez... baja el primer escalón ahora... Nueve... Ocho... Más profundo... Siete... Más profundo... Seis... Cinco... Sin preocupaciones... Sin inquietudes... Cuatro... vas a entrar a un estado profundo de hipnosis ahora... Tres... Casi llegas al fondo... Dos... te sientes tan cansado que te cuesta trabajo moverte. Uno... paz total... relajación total... Yyyyy... cerooooooooo...

[Para este punto, tu sujeto debe estar en trance. La profundidad será diferente en cada cliente. A partir de este punto, puedes hacer convencedores, sugestiones y luego sacarlo del trance. Dentro de poco aprenderemos más sobre estas técnicas.]

Ahora que sabes lo que debes decir, busca algunos amigos o familiares que deseen experimentar con una «técnica divertida de relajación» que aprendiste y ¡practica!

Auxiliares de la Hipnosis

Existen muchos auxiliares (y dispositivos) en el mercado que afirman que te pueden ayudar a entrar en trance. Algunos son útiles; otros, no tanto. Abordaré unos cuantos aquí y te diré lo que pienso al respecto. Esta solamente es mi opinión personal, así que toma tus propias decisiones y elige lo que funcione para ti y para tus sujetos.

Utilizar música para ayudar a tu inducción

La música es una de mis herramientas de trance favoritas. Nada calma los nervios y tranquiliza a la gente como la música. Existen diferentes tipos de música que se pueden usar. Se puede usar desde la Música Clásica hasta el *New Age*; sin embargo, no te recomendaría algo fuerte como el rock, punk o el heavy metal. La idea es tranquilizar al sujeto, ¡no estimularlo!

Recomiendo muy ampliamente *Hypnotic TranceScapes* (www.trancescapes.com). Desarrollé la secuencia *Hypnotic Trancescapes*, que incorpora técnicas de hipnosis y psicológicas profundas que ayudarán a que tú o tus sujetos entren en trance. La música que escuchaste anteriormente en la inducción de muestra es *Mystical Forest*, volumen I de la serie *Hypnotic TranceScapes*. Diseñé *Mystical Forest* para complementar una sesión hipnótica completa de principio a fin; es una hora de música continua que tiene una pista para la inducción hipnótica, dos pistas para la intervención y una pista final pasa salir de trance.

Puedes leer más al respecto en www.trancescapes.com.

Otros auxiliares de la Hipnosis

Inducciones pregrabadas

Algunos hipnotizadores prefieren dejar a sus sujetos con una inducción hipnótica pregrabada. Los clientes la escuchan a través de unos audífonos, y luego el hipnotizador regresa al final para hacer la intervención en sí.

Como lo veo, el único beneficio es para el hipnotizador (¡que debe estar demasiado ocupado como para lidiar con sus molestos clientes!). El sujeto pierde en diversos niveles. Primero, la inducción no es personalizada. Igual que cuando leemos un guión al pie de la letra, una inducción pregrabada no responde a las señales no verbales emitidas por el sujeto.

Te sugiero que te quedes con tu sujeto durante toda la sesión, prestes atención a sus señales verbales y no verbales, y le hagas una inducción que se ajuste a sus necesidades individuales.

Auxiliares mecánicos de la Hipnosis

Aunque algunos aparatos han demostrado científicamente que facilitan los patrones Alfa en el cerebro, me parece que son artilugios caros. Al usar luces parpadeantes o ruido blanco, se supone que estos dispositivos producen automáticamente el trance en el usuario. Aunque esta afirmación podría tener alguna validez, sigo pensando que es mejor estar con tu cliente y darle la experiencia personal de una inducción hipnótica a la medida.

Técnicas de inducción rápida

Inducción post-hipnótica sugerida

Esta técnica es para sujetos que ya hayas hipnotizado. Las inducciones post-hipnóticas sugeridas son una manera conveniente de hacer que los sujetos vuelvan a entrar en trance.

La idea es asociar una palabra, una mirada, o un toque con el trance en que están en su primera visita.

Este es un ejemplo que puedes usar cuando tu sujeto ya está en trance:

> Se siente muuuuy bien relajarse de esta manera... Te voy a enseñar la manera más rápida para que regreses a este <u>maravilloso</u> estado. Al despertar, y por el resto de tu vida, cada vez que me escuches decir la palabra *ornitorrinco* y te toque la rodilla... <u>cada vez</u> que diga la palabra *ornitorrinco* y te toque la rodilla, inmediatamente te sentarás, cerrarás

tus ojos y entrarás profundamente en hipnosis. Repito, en el momento que diga la palabra *ornitorrinco* y te toque la rodilla, te sentarás, cerrarás los ojos, y entrarás profunda e inmediatamente en trance…

Interrupción de patrón: Inducción mediante apretón de manos

¿Alguna vez has caminado por una acera y de repente te saliste por un borde que no sabías que estaba ahí? ¿O tropezado inesperadamente con algo que no habías visto? Ese nebuloso estado de confusión que experimentas por los próximos segundos breves es el resultado de una *interrupción de patrón.*

Una interrupción de patrón ocurre cuando se ve interrumpido un proceso de pensamiento que ha sido completamente interiorizado en una acción inconsciente. Caminar, por ejemplo, prácticamente se ha convertido en un programa que está completamente a cargo de tu mente subconsciente. Por supuesto, tú tomas la decisión consciente de caminar hacia algún lado, o en una dirección específica, pero en realidad no piensas: «Tensa este músculo para mover mi pierna hacia delante, luego estira mis dedos, baja el pie, inclínate hacia adelante. Ahora, tensa los músculos en la otra pierna…»

Tener que controlar conscientemente todos los músculos para caminar de esta manera tomaría una cantidad increíble de pensamiento consciente, por lo que el cerebro empaca las operaciones complejas, como esta, en programas inconscientes.

Cuando uno de estos programas se ve interrumpido, la mente consciente se confunde mientras que el inconsciente se queda esperando la siguiente «instrucción». Esto produce un trance ligero muy breve, momento en el cual es muy conveniente ofrecer una sugestión o dos a la mente inconsciente.

Esa es la teoría de una las inducciones más famosas de Milton Erickson.

Para empezar, Milton simplemente extendía su mano, ofreciendo estrechar la mano. En Estados Unidos, especialmente en los negocios, nos estrechamos las manos todo el tiempo. Como sociedad, lo hemos hecho tantas veces que se ha convertido en un proceso inconsciente. Considéralo... La mayor parte del tiempo, ni siquiera ves la mano de la otra persona. Las manos se buscan y automáticamente se encuentran a la mitad.

Mientras la mano del sujeto se movía hacia adelante, Erickson de manera bastante casual y sutil, de modo que no era perceptible, bajaba un poco su mano. Esto dejaba al sujeto estrechando el aire, e interrumpía su «patrón».

En los segundos siguientes, Erickson comenzaba a empujar lentamente la mano extendida del sujeto hacia su cara y decía: «Mira tu mano... Y observa el cambio de enfoque de tus ojos... el color y textura de tu piel... A medida que *cierras tus ojos... Relájate... Y entra profundo...*».

Al inicio las sugestiones son muy pequeñas, para no alertar al sujeto. «Mira tu mano», es una sugestión muy pequeña. Sin embargo, al ir acumulando algunas sugestiones pequeñas en sucesión, Milton metía al sujeto en un agradable trance ligero.

Inducción por shock

Las inducciones por shock no deben ser utilizadas como una inducción cotidiana. Frecuentemente, en situaciones de emergencia, tales como la escena de un accidente o la sala de emergencias de un hospital, las víctimas pueden ponerse histéricas y poner en riesgo su propia atención al no comunicarse con los médicos o no estarse quietos durante una revisión. Habitualmente, los pacientes con fracturas compuestas entran a la sala de urgencias en esta condición.

El ejemplo de shock es sencillo. La idea es sobrecargar el sistema sensorial del sujeto. Simplemente salta hacia el sujeto con las manos y brazos estirados y grita: «¡¡¡DUERME!!!». Usualmente esto es suficiente para ponerlo en un trance ligero (en caso contrario, ¡por lo menos consigue que se calle!)

Esta inducción sólo debe usarse en las situaciones de emergencia en las que hayas sido entrenado. Hay varias situaciones que pueden provocar que esto sea peligroso. Si tu sujeto tiene una condición cardiaca u otros problemas de salud, una inducción por shock podría ser muy peligrosa. Usa tu mejor juicio y, al igual que con todo lo que hay en este libro, úsala bajo tu propio riesgo.

Despertar a tus sujetos

A menudo despertar a tus sujetos es un gran misterio y el origen de muchos de los miedos de la gente. Contrario a la creencia popular, despertar al sujeto es el aspecto más simple en la hipnosis. A menudo, todo lo que se necesita para despertar al sujeto es «contar en forma ascendente», como en este guión:

En un momento, voy a contar del uno al cinco. A medida que lo haga, con cada número que diga, regresarás un veinte por ciento del camino hacia este lugar, regresarás a una consciencia despierta. [Incrementa el volumen y fuerza de la inflexión de tu voz con cada número hasta que <u>prácticamente</u> le estés gritando con el número cinco] Uno, comienzas a notar los sonidos en este lugar. Dos, percibes una sensación en tu mano o en tu pie. Tres, inhala profundamente. Cuatro, estírate. Y, cinco, ojos abiertos, completamente consciente, sintiéndote de maravilla y refrescado.

Este es solamente un ejemplo. Existen incontables maneras de sacar a la gente del trance. En mi opinión, lo mejor es utilizar un enfoque gradual, como este, en lugar de un firme y rápido tipo de despertar del estilo: «Cuando truene mis dedos». Si despiertas a tu sujeto muy rápido, puede sentirse desorientado, como cuando alguien te despierta en la mañana muy rápidamente.

En cuanto a que los sujetos se queden «atorados» en el trance, es <u>imposible</u>. Sin embargo, existen casos pocos frecuentes en los que el sujeto está tan relajado, tan cómodo, que simplemente no obedece tu orden de despertar. Hay tres soluciones posibles a esto, y por lo menos una de ellas siempre funciona:

- Sacude suavemente el hombro del cliente y dile algo como: «Sr. Pérez, se acabó su tiempo. Es hora de salir al mundo y hacer cosas buenas.»

- Sacude suavemente el hombro del cliente y dile algo como: «Sra. López, llegó la hora de irse, de lo contrario me veré forzado a cobrarle otra hora con una tarifa doble.»

- Me gusta el enfoque de Dave Elman: «Sr. García, si no sale del trance, le prometo que nunca lo volveré a llevar tan profundo otra vez. Nunca más le permitiré experimentar la belleza de esta maravillosa sensación otra vez.»

Parte III: Está hipnotizado; ¿ahora qué?

GENERALIDADES

PUEDES HACER MUCHAS COSAS una vez que tú y tus sujetos están en trance.

Primero, abordaremos el aspecto terapéutico de la hipnosis, comúnmente llamado *hipnoterapia*. En este capítulo, aprenderás cómo se utiliza la hipnosis para ayudar a los demás.

Después, en el Capítulo 4 abordaremos la auto-hipnosis, donde aprenderás cómo puedes mejorar tu propia vida a través del poder de tu inconsciente.

Finalmente, en el Capítulo 5 hablaremos de la hipnosis de escenario y cómo utilizar la hipnosis con fines de entretenimiento.

CAPÍTULO 3

HIPNOTERAPIA

ADVERTENCIA: NO PUEDO PONER MÁS ÉNFASIS en esto. Debes recibir un entrenamiento adecuado antes de trabajar con otras personas para fines terapéuticos. De hecho, hacer terapia sin tener un entrenamiento adecuado puede provocar más problemas, en lugar de resolverlos. Este libro sirve como punto de partida en el mundo de la hipnosis; además, terminar de leer este libro de ninguna manera apoya tu habilidad de llevar a cabo una terapia. Ni el autor, ni el editor pueden ser responsabilizados por la información que aprendiste aquí o en otros materiales relacionados.

Si te sientes lo suficientemente motivado para aprender a usar la hipnosis con los demás, te sugiero ampliamente que asistas a uno de nuestros cursos y te certifiques como yo lo hice. Existen muchos institutos de capacitación donde enseñan hipnoterapia, incluyendo *Transform Destiny*, donde podemos certificarte en hipnoterapia clínica en tan sólo tres días. Visita www.transformdestiny.com para reservar un lugar en uno de nuestros cursos de capacitación.

Profundizar el trance

Hay muchas maneras de profundizar un trance. Se pueden dar muchas sugestiones inteligentes para hacer que tu sujeto vaya más y más profundo. La técnica que enseñamos aquí, llamada *Fraccionamiento*, probablemente sea la técnica con uso más extendido y es muy efectiva.

Como ya sabes, el trance es una habilidad. Algunos sujetos entran en él naturalmente; sin embargo, resulta lógico pensar que, si se practica, cualquier sujeto puede «mejorar» su experiencia del trance. Antiguamente, los hipnotizadores podían tener sesión tras sesión ¡sin hacer ninguna terapia! Las primeras sesiones sólo eran «de práctica»; las usaban para hacer que el cliente mejorara su entrada al trance. Algunas veces esto les tomaba hasta 30 sesiones, con una semana de separación, antes de que el hipnotizador considerara que era un «buen» sujeto de hipnosis capaz de entrar a un trance profundo.

Entonces, se descubrió que en realidad no era necesario esperar una semana entre las inducciones del trance. El cliente podía ser despertado, luego ser re-hipnotizado en cuestión de minutos o segundos y recibir los mismos beneficios que obtendría si hubiera tenido que esperar una semana. Este proceso, llamado fraccionamiento, le permite al sujeto lograr niveles más y más profundos de trance en cada inducción. Revisemos un ejemplo que se usaría una vez que el sujeto ya está en trance:

«Muy bien… Ahora te sientes muuuy relajado… En un momento, voy a contar del uno al cinco. A medida que lo haga, con cada número que diga, te sentirás más alerta, más despierto. Entonces, voy a tronar mis dedos y decir, 'Duerme', y te relajarás, te dejarás ir y dormirás profundamente, dos veces más profundo de lo que estás ahora. De nueva cuenta, voy a contar del uno al cinco, despertarás más con cada número que diga hasta que estés despierto con el número cinco. Cuando truene mis dedos y diga 'Duerme', irás más profundo, dos veces más profundo de lo que estás ahora. Uno, dos, tres, cuatro, cinco, [*truena los dedos*], ¡Duerme! Completamente… así está bien. Dos veces más profundo.»

Puede usarse esta técnica tan a menudo como sea necesario; sin embargo, generalmente me gusta usarla de tres a cuatro veces para hacer que el sujeto entre en un trance profundo agradable. Tú decides el número de veces que la hagas; para ello te basarás en el estado de tu sujeto y en el nivel deseado de trance.

Convencedores

Los convencedores sirven para tres propósitos importantes y deben ser parte de cada una de las inducciones que hagas. El primer propósito de un convencedor es indicarte el nivel de trance, como hipnotizador (para convencerte de que el sujeto está en trance). Si el cliente no está en un nivel lo suficientemente profundo para efectuar estas sencillas sugestiones, muy probablemente tendrás que usar una técnica de profundización como el fraccionamiento.

El segundo propósito de un convencedor es convencer al **cliente** de que —efectivamente— está hipnotizado en ese momento. Cuando lleva a cabo estas técnicas hipnóticas, los resultados lo convencerán de que está en trance, y entrará más profundo debido a esa convicción.

Finalmente, el tercer propósito de los convencedores es convencer al cliente de que estaba en trance, **después** de la sesión. Dado que la hipnosis es una experiencia radicalmente diferente de la idea que se han hecho en su imaginación la mayoría de los sujetos, generalmente necesitan ser convencidos. Frecuentemente saldrán del trance y dirán más o menos así: «Bueno, no creo que haya estado hipnotizado, porque podía escuchar todo lo que decías». Por eso es importante que siempre **a)** expliques totalmente qué es la hipnosis antes de hacer cualquier trabajo con un cliente y **b)** usa tus convencedores ¡siempre! De esta manera, cuando el sujeto diga: «No estoy seguro de si estaba hipnotizado...», puedes decirle: «Bueno, tu mano flotó, ¿No es así? No podías levantar las piernas, ¿verdad? ¿Ves? ¡Lo hiciste muy bien!».

Generalmente, hacer los convencedores es un proceso rápido, siempre y cuando las cosas vayan bien. Los convencedores deben ser aprobados. Si continúas la sesión sin convencedores exitosos, tu cliente no estará convencido, y eventualmente podría arruinar los resultados por culpa de las sugestiones negativas que se hará a sí mismo. Si tu sujeto no pudo hacer un convencedor, profundiza su trance y vuelve a hacer el mismo convencedor, hasta que lo apruebe.

Haz los convencedores justo después de que realices la inducción. Simplemente pasa a ellos. No es necesario hacer una introducción o dar una explicación. En este punto, también es buena idea cambiar el tono de tu voz para que pase de ser una voz hipnótica suave a una voz más conversacional y autoritaria.

Aunque existen muchas maneras de ser creativo e idear tus propios convencedores, me gusta apegarme a estos clásicos. Comenzaremos con Párpados pesados, Brazo pesado y luego Brazo ligero.

Párpados pesados

En un momento, voy a contar del uno al cinco... Al hacerlo, tus párpados se sentirán cien veces más relajados de lo que están en este momento... Tanto así, que ni siquiera quieren abrirse... Inténtalo tanto como puedas y verás con un poco de gozo que no se abrirán. Muy bien... Uno... sientes cuán completamente relajados pueden estar tus ojos. Dos... sientes el peso de tus párpados... Tres... los ojos se sienten muy pesados... Cuatro, tan relajados que no se pueden abrir... Y, Cinco... sientes como si tus párpados estuvieran pegados con pegamento. Ahora, adelante, trata de abrir tus ojos sólo para convencerte de que *no puedes*. [Haz una breve pausa, pero continúa después de que veas dos segundos de movimiento. Usualmente, las cejas se levantarán un poco y los ojos permanecerán cerrados. Si no ves ningún movimiento, eso quiere decir que están tan relajados que ni siquiera los músculos alrededor

se movieron. Espera unos diez segundos y continúa.]
Bien, con eso es suficiente... Sólo relaja los ojos... Ahora
los ojos vuelven a la normalidad, sólo que están diez
veces más relajados. Bien.

Brazo pesado

En un momento voy a contar del uno al cinco. Con cada
número que cuente comenzarás a sentir que tu brazo
izquierdo se está volviendo más y más pesado... Tan
pesado, que ni siquiera podrás levantarlo. Lo
intentarás y descubrirás con un poco de gozo que
simplemente no se moverá. Uno... relajación absoluta
del brazo... conforme... Dos... comienzas a sentir el peso
de tu brazo sobre tu pierna... Y... Tres... Sientes el peso
del brazo presionando tu regazo... Más y más pesado...
Cuatro, tan relajado que no se puede mover... Y... Uno.
El brazo simplemente es demasiado pesado. Ahora,
intenta en vano levantar tu brazo ya que aprecias que
sencillamente es demasiado pesado. [Haz una breve
pausa, pero continúa en cuanto veas un intento de
movimiento en el brazo, usualmente alrededor de los
hombros, o después de 10 segundos] Es suficiente...
muy bien... es demasiado pesado. El brazo está
regresando a la normalidad ahora, mientras te relajas
mucho más profundo...

Brazo ligero

Ahora, mientras *comienzas a sentir que tu mano derecha* se siente ligeramente diferente de la izquierda, te asombrará descubrir que *tu mano derecha se está sintiendo un poquito más ligera*. Así es, tu brazo se siente como si estuviera lleno de helio y más ligero que el aire, a medida que comienza a elevarse lentamente de tu pierna con un movimiento sincero e inconsciente. Puedes sentir que se vuelve más y más ligero a medida que le inyectas más helio con cada... respiración... que... haces... [Sincroniza estas 4 últimas palabras con la respiración del sujeto. El brazo tiende a levantarse un poco naturalmente cuando se inhala y el pecho se expande, así que esto te ayudará a consolidar la sugestión.] Muy bien, ahora sigue... Haciéndose más y más ligero... [Repite este tipo de sugestiones hasta que el brazo esté entre 7 y 15 centímetros por arriba del regazo.] Excelente, el brazo puede detenerse... Flotando cómodamente, justo donde está.

Ahora, cuando *estás listo para hacer este cambio ahora*, permite que el brazo descienda cómodamente a tu regazo enviándote a una profundidad diez veces mayor de la que estás, incluso ahora. [Espera a que el brazo descienda] Así es...

El uso de órdenes directas

Aunque las *órdenes directas* parecen formar parte de todas las inducciones en Hollywood, de hecho se usan menos en la vida real. En muchos casos, las órdenes directas como: «Dejarás de fumar», por sí solas, sencillamente no son suficientes para superar la adicción al cigarro. Por lo general, el cliente necesitará una metáfora adecuada y un acompañamiento futuro (algunas veces llamado Imaginar el Resultado Final), y posiblemente incluso una intervención con PNL, si te place hacerla (y has sido entrenado).

No estoy diciendo que las órdenes directas sean inútiles. Son muy efectivas cuando se usan en conjunto con otros modos de trance-terapia. Veamos unos cuantos ejemplos de órdenes directas.

- Con cada respiración que hagas, tu necesidad de fumar será menor y menor hasta que desaparezca completamente. Solo déjala ir...

- A partir de este momento, serás una persona más sana, comerás alimentos que son buenos para la mente y el cuerpo, y evitarás los alimentos que tienden a promover un aumento excesivo de peso.

- A la cuenta de tres, tu miedo a las alturas desaparecerá. No obstante, conservarás un saludable sentido común sobre la seguridad a cualquier altura; te sentirás a gusto en lugares altos y podrás funcionar con normalidad y con buen ánimo en esas alturas.

Muchas personas me preguntan cómo pueden crear sugestiones directas. Y la respuesta es, sigue tu intuición. En nuestros cursos de capacitación, los estudiantes siempre quedan sorprendidos de lo fácil que se vuelve el proceso. También puedes preguntarle a tu cliente: «¿Te gustaría que te hiciera alguna sugestión en particular mientras estás en trance?» Esta pregunta refuerza el hecho de que el cliente tiene el control al darle la oportunidad de participar en la creación de las sugestiones que se le van a dar.

Metáfora

Una *metáfora* terapéutica es una historia que se relaciona con tu sujeto (y su problema) en un nivel inconsciente. Son historias sencillas a partir de las cuales la mente inconsciente de tu sujeto puede aprender algo.

Por ejemplo, a un niño que siempre llora lágrimas de cocodrilo cuando no se hacen las cosas como él quiere se le puede contar la historia del «Niño Que Gritó Lobo» demasiadas veces. A una mujer que se sienta atrapada en una relación abusiva se le podría hablar de un escape de un campo de prisioneros en la Segunda Guerra Mundial. A un adolescente con creencias limitantes se le podría contar la historia de un chico paralítico que aprendió a caminar otra vez. A un hombre con problemas de autoestima se le podría contar la historia sobre cómo cada cultura es única, y que no hay nada de malo con ser «diferente».

La mente subconsciente es naturalmente muy abstracta y metafórica. Es por esto que tus sueños pueden tener tanto significado sobre lo que hay dentro de ti. La intención no es que la metáfora terapéutica pueda ser comprendida por la mente consciente. Por el contrario, a menudo está diseñada para confundir, distraer o desviar a la mente consciente mientras la mente inconsciente traza paralelos y deriva significados de la historia en relación con sus problemas actuales.

Se han escrito libros enteros sobre la metáfora. Las metáforas terapéuticas son un medio excelente para las inducciones e intervenciones hipnóticas. Aunque la discusión de la metáfora va más allá del ámbito de este libro, la bibliografía incluye excelentes referencias a libros que tienen guiones metafóricos, y libros que te enseñarán a crear metáforas efectivas para tus clientes.

Imaginería del resultado final y acompañamiento futuro

No importa lo buena que sea tu terapia en el consultorio, tu sujeto todavía tiene que salir y «desempeñarse» en el mundo real. Esperar que un cliente integre todo lo que aprendió en tu consultorio lo suficientemente bien como para usar esos nuevos recursos inmediatamente en el mundo real, lleno de presiones reales en situaciones reales, es una tontería en la mayoría de las circunstancias. Tu sujeto necesita «practicar» en la comodidad y seguridad de tu consultorio, así como tener la oportunidad de instalar, integrar y probar sus recién encontrados recursos en una situación adecuada.

El acompañamiento futuro es un proceso bastante sencillo. Sólo pintas una imagen para el cliente de lo que verá, escuchará y sentirá cuando tenga éxito. Este es un ejemplo:

> Ahora, imagínate en el futuro, en una situación en la que alguien te ofrecerá un cigarro. Observa cómo eres ahora que lo rechazas. Te sientes muy bien por dentro; además, puedes escuchar las voces de las personas que te rodean mientras te felicitan por volverte un no fumador.

Esta es una técnica muy poderosa. Sin embargo, no obstante lo poderosa que es, existe por lo menos una manera de volverla más poderosa, y este es nuestro siguiente tema.

Imaginería del resultado final

La *Imaginería del resultado final* es un poco más involucrada que el acompañamiento futuro. En lugar de pedirle al sujeto que visualice la situación futura que te imaginas, primero lo entrevistarás y le preguntarás qué es lo que cree que hará cuando tenga éxito. Esto te permite operar a partir de su «modelo del mundo», como decimos en PNL. Usarás su propia imaginación de cómo se verá, sonará y sentirá el futuro, haciendo todo el proceso más poderoso.

Cómo utilizar la imaginería del resultado final

El motivo por el que llamamos Imaginería del resultado final a esta técnica se debe a que queremos construir una imaginería vívida del «resultado final» de su cambio terapéutico, basándonos en sus «valores finales» (en lugar de sus «valores iniciales») de cómo se verá afectada su vida una vez que posea sus nuevos recursos. Extraer estos valores finales a partir de las respuestas del sujeto es sencillo. Hay tres preguntas que debes hacer cuando entrevistes a tu cliente para usar la técnica Imaginería del resultado final.

1. ¿Qué vas a hacer cuando _____ (dejes de fumar, pierdas peso, duermas mejor, tengas mejor concentración, etc.)?

Es muy probable que tus sujetos describan estados o sentimientos, tales como: «Me sentiré feliz» o «Estaré saludable». Puedes tomar nota de ese estado/sentimiento e incluso usarlo dentro de su imaginería; sin embargo, lo que en realidad estamos buscando con esto son comportamientos específicos.

Por lo tanto, si el cliente dice: «Me sentiré más saludable», puedes cerrar las brechas y decir: «Maravilloso, ¿Qué harás cuando <u>te sientas más saludable</u>?». Simplemente vuelve a hacerle la misma pregunta, pero usando su última respuesta.

Esto puede ser un círculo vicioso con algunos sujetos. No te desanimes. Sigue haciendo las preguntas hasta que te den un comportamiento específico.

2. Bien, si no _____, ¿qué vas a hacer?

Algunas veces, tus clientes te dirán comportamientos que están basados en acciones negativas. Por ejemplo: «¿Qué vas a hacer cuando bajes de peso?» «Bueno, no me la pasaré sentadote todo el tiempo.» Esta podría parecer una respuesta motivadora; sin embargo, para nuestros propósitos (imaginería), es difícil que te visualices no haciendo algo. Por lo tanto, a fin de obtener una respuesta más específica y ponerla dentro de un marco positivo, cerraremos la brecha y diremos: «Bien, si **no** <u>estás sentadote</u>, ¿qué vas a hacer?» «Vaya... Me gustaría comenzar a entrenar kickboxing.» Esta es una respuesta mucho mejor, en lo que respecta a imaginería del resultado final.

3. Obtén detalles. ¿Quién, qué, cuándo, cómo y dónde específicamente?

En este punto, cuando tengas un comportamiento positivo, obtén todos los detalles que puedas. Quieres saber Quién, Qué, Cuándo, Dónde y Cómo. No nos preocupan los porqués.

Si te da porqués, puedes tomar nota; sin embargo, no necesitamos preguntarlos. Cuando sientas que tienes suficiente información para «contarle un relato» de su futuro y dirigirlo a través de una imaginería detallada de este comportamiento, pasa al siguiente comportamiento. Idealmente, debes obtener tres buenos ejemplos de comportamiento que puedas usar durante la sesión de hipnosis.

Repasemos un ejemplo rápido que te ayudará a comprender fácilmente este concepto. En él, el sujeto (S) acudió al hipnoterapeuta (H) para dejar de fumar. En este ejemplo, el hipnotizador ya tuvo una charla previa e hizo pruebas de susceptibilidad y comenzará la inducción tan pronto termine la entrevista de resultado final. La entrevista está enmarcada de modo que el sujeto ya la terminó con éxito y todas estas preguntas no giran alrededor de posibilidades (haría, podría) sino de certezas definitivas (haré, puedo) —una parte muy importante de la imaginería de resultado final.

> **H:** Entonces, vas a volverte un no fumador. ¡Excelente elección! Permíteme hacerte una pregunta, ¿qué vas a hacer una vez que te conviertas en un no fumador?

> **S:** Bueno, ya no seré tan ansioso. [«No» es negativo. Hagamos que lo replantee positivamente.]

H: Grandioso, entonces si <u>no</u> estás ansioso, ¿Cómo <u>te sentirás</u>?

S: Supongo que estaría más calmado. [En este caso, calmado es un estado. Además, es un buen estado, pero no es un comportamiento. Por lo tanto, usaremos la pregunta #1 para obtener un comportamiento.]

H: Bien, ¿qué vas a hacer cuando estés más calmado?

S: ¡Relajarme! [Relajarse es el estado de estar relajado. Entonces, insertaremos «relajado» en la pregunta #1 y seguimos buscando un comportamiento.]

H: ¡Seguro que sí! ¿Qué tipo de cosas crees que vas a hacer cuando estés relajado?

S: Mmm... Bueno, podré sentarme a ver una película entera ¡sin tener que salirme para fumar un cigarro! [¡Bravo! Ahora tenemos un comportamiento. Por lo tanto, pasamos a la pregunta #3 y expandámosla. Queremos detalles. Escribe **todo**. Procura obtener tantos «Quién, qué, cuándo, dónde y cómo», como te sea posible.]

H: Vaya. ¡Eso <u>será</u> excelente! ¿En <u>dónde</u> te gusta ir a ver películas?

S: Me gusta ese nuevo complejo de cines que está por Crown Valley... el que tiene butacas tipo estadio.

H: Oh sí, esos asientos son excelentes. Te apuesto a que hay alguien con quién te gusta ir al cine. ¿Con quién te gustaría ir?

S: Sí, con mi hermano. Nos gustan las de Van Dam, Jackie Chan, Schwarzenegger. Películas de acción, sabes. [Ya tenemos *con quién* y *qué* en esa respuesta.]

H: Sí, me encantan ese tipo de películas. ¿Te gusta acompañarlas con golosinas, bebidas y cosas por el estilo?

S: Sí, siempre pedimos una cubeta grande de palomitas de maíz. [Un poco de *cómo*]

Estas preguntas se intercalan dentro de una conversación trivial para que la entrevista no parezca un interrogatorio y se vuelva incómoda.

Idealmente, nos gustaría obtener tres comportamientos para usar la técnica de Imaginería del Resultado Final, por lo que cuando obtengas suficientes detalles sobre este comportamiento, vuelve a preguntar: «Entonces, ¿qué otra cosa vas a hacer cuando _____?»

Ahora, cuando hayas hipnotizado a tu sujeto y hayas hecho los convencedores, repasarás su Imaginería de Resultado Final. Este es un ejemplo de cómo lo harías basándote en las respuestas del ejemplo anterior:

> Me gustaría que *comiences a imaginar... Imagina un momento en el futuro...* Tú y tu hermano van al cine. Como en los viejos tiempos... Pero ahora algo es diferente... *Algo...* Sí, *ahora eres un no fumador...* Tú y tu hermano compran unas palomitas de maíz y dos refrescos y entran a la sala para ver una nueva película de acción. Se sientan, en la oscuridad, ven la película, comienzas a darte cuenta de que *te sientes de maravilla* y de que *la necesidad de fumar ha desaparecido... Ahora.* Se siente maravilloso saber que <u>puedes</u> sentarte ahí, en esas enormes y cómodas butacas tipo estadio... Puedes sentarte durante toda esa película. Puedes permanecer dentro del cine porque *ahora eres un no fumador.* Sólo *permítete disfrutar eso* por un momento.

Como puedes ver, la imaginería de resultado final crea una imaginería poderosa y a la medida del sujeto. Este nivel de acompañamiento futuro es una manera maravillosa de instalar las estrategias nuevas e ingeniosas del sujeto, así como proporcionar una «prueba» importante de sus nuevos comportamientos antes de que salga de tu consultorio.

PNL: Programación Neurolingüística

La *PNL* o *Programación Neurolingüística*, fue creada principalmente por John Grinder y Richard Bandler, y comenzó como una técnica para modelar la excelencia. Las aplicaciones específicas de la PNL surgieron de modelar a exitosos psicoterapeutas, terapeutas familiares, hipnotizadores, líderes, escritores, filósofos, empresarios, vendedores, seductores, etc. ¡La lista es interminable! La excelencia en casi todos los campos ha sido modelada por Practicantes de la PNL durante más de 30 años, desde su creación.

Las técnicas clínicas y terapéuticas fueron creadas al modelar a tres terapeutas maravillosos:

- Milton Erickson, el padre de la hipnoterapia moderna

- Virginia Satir, una maravillosa terapeuta familiar que creaba el cambio casi mágicamente

- Fritz Perls, el creador de la Terapia Gestalt

La PNL va mucho más allá del entrenamiento clínico. Es una serie de herramientas, técnicas y creencias que pueden ayudar a propulsar tu éxito en casi cualquier área de la vida.

Cuando estudies PNL, aprenderás la Hipnosis Ericksoniana, para que puedas hipnotizar a cualquiera con tan solo conversar con él. Aprenderás el arte del *rapport* y cómo obtener *rapport* con cualquier persona que quieras en cuestión de segundos o minutos. Aprenderás a leer la fisiología de la gente de modo que puedas descubrir cómo piensa. Aprenderás poderosas herramientas de lenguaje que te ayudarán a convertirte en un comunicador poderosamente persuasivo e influyente. Aprenderás herramientas y técnicas, tales como la Cura de Fobias en Cinco Minutos, la Técnica de Mapeo para cambiar inmediatamente las creencias limitantes, y el Patrón *Swish* para eliminar instantáneamente los malos hábitos e instalar los buenos.

La PNL va <u>mucho</u> más allá del alcance de este libro. Cuando estés listo para saber más de la PNL, visita www.transformdestiny.com/nlpp para descubrir más.

¿Debo de trabajar con todo?

El hipnotizador principiante posee un deseo abrumador de salir a «curar el mundo». La hipnosis es una herramienta asombrosamente poderosa. Le ha ayudado a la gente a resolver todo, desde morderse las uñas, mojar la cama, la depresión y el cáncer. Hay muchas cosas por considerar cuando se realiza la hipnoterapia. Hay cuestiones morales, éticas y legales.

La preocupación más grande es la ecología del paciente. Debes de asegurarte de que tus sugestiones sean **seguras**. Resulta bastante obvio que una persona cuerda rechazará una sugestión que diga «puedes volar». Sin embargo, una sugestión aparentemente inofensiva como «comerás menos» puede ser interpretada literalmente por el inconsciente y provocar síntomas tan extremos como la anorexia en algunos clientes. Tus sugestiones deben estar bien formadas y darse de la manera más directa posible, sin dejar lugar a interpretación.

Otra gran preocupación es que los síntomas que parecen fáciles de curar con la hipnosis podrían estar ocultando un padecimiento mucho más grave. Por ejemplo, los casos más extremos de morderse las uñas podrían ser un síntoma de auto-mutilación, la cual obviamente debe ser tratada por un psicoterapeuta calificado y con licencia.

Si eliminas el comportamiento de morderse las uñas, la auto-mutilación podría manifestarse en comportamiento de arrancarse el cabello, cortaduras o algo peor. Si un fisicoculturista acude a ti diciéndote que le duelen los músculos, podrías sentirte inclinado a eliminar ese dolor, de modo que el sujeto algún día podría llegar a levantar demasiado peso y desgarrarse un músculo. Algunas veces el dolor solamente es una molestia, pero en otras es una advertencia que nos permite conocer nuestros límites.

Como puedes ver, aprender en qué trabajar y en qué no es un malabarismo, y algo en lo que debes pensar antes de comprometerte a trabajar con alguien.

La tabla que proporciono en la página siguiente es sólo una guía general, y no debe considerarse como un consejo directo profesional y/o legal. Ni el autor, ni el editor pueden ser responsabilizados por cualquier acción tomada como resultado de la lectura de este libro o esta tabla. Si eres un especialista en salud mental con licencia, médico, dentista o cualquier otro practicante con licencia, esta guía podría no aplicarse a ti. En tu caso, tú conoces el alcance de tu práctica mucho mejor que yo; por lo tanto, utiliza tu mejor juicio.

Seguro	Área gris	Necesita remisión
Superación Personal	Ejercicio	Padecimientos
Relajación	Regresión a	diagnosticados
Mejorar hábitos de	vidas pasadas	Insomnio
estudio	Regresiones	Depresión
Ansiedad a los		Alergias
exámenes		Adicción a las drogas
Fumar		Adicción al alcohol
Peso		Problemas sexuales
Auto-hipnosis		
Mayor		
concentración		
Desempeño en los		
deportes		

Tabla 3.1: ¿Debo trabajar con todo? (Adaptado a partir de información obtenida a través del *International Board of Clinical Practitioners*, www.ibcponline.com)

En casos tales como superación de miedos, mejorar la autoestima, mejorar hábitos de estudio, etc., usualmente puedes hacer la terapia con total seguridad. En el caso de la categoría más grave, la regla más importante que debes recordar es esta: Pregunta si ha visto a un médico, terapeuta, consejero o cualquier otro profesional apropiado para sus síntomas. Si no lo ha hecho, regrésalo por donde vino y pídele que regrese cuando lo haya hecho.

Si ha acudido con alguien, dale una hoja de remisión en blanco y pídele que lo llene la persona que lo está tratando. Luego, ESPERA hasta que tengas una remisión. En muchos casos, lo exige la ley, así que presta atención a esta regla.

Las hojas de remisión, de admisión y otros documentos necesarios están a la disposición de los estudiantes de nuestros cursos de hipnoterapia. Si estás interesado en practicar la hipnoterapia clínica, ven con nosotros y certifícate en tan solo tres días. Para mayor información, visita www.transformdestiny.com.

Resumen: Lee esto

Vaya... Has aprendido mucho en este capítulo. Si te parece abrumador, así debe ser. Después de todo, si optas por convertirte en hipnoterapeuta, estarás lidiando con la mente inconsciente de las personas. Este es un asunto que no debe tomarse a la ligera.

En este momento, es posible que sientas que estás listo para salir, abrir tu propio consultorio y comenzar a sanar a la gente. Es cierto, has aprendido mucho; sin embargo, en mi opinión, sería extremadamente irresponsable comenzar una práctica sin antes haber tenido algún entrenamiento práctico. Este libro te ha proporcionado una gran ventaja y probablemente realizarás el entrenamiento sin problemas, y también aprenderás muchas cosas nuevas. Existen muchos lugares para llevar a cabo tu entrenamiento, incluyendo *Transform Destiny* y otros institutos aprobados por el *International Board of Clinical Practitioners* (Consejo Internacional de Practicantes Clínicos, en español).

Espero que hayas disfrutado este capítulo y hayas aprendido mucho en el proceso. Ahora que has aprendido a usar la hipnosis para ayudar a los demás, asegúrate de revisar el Capítulo 4 para aprender a usarla para ayudarte **a ti mismo**, para usar la auto-hipnosis en todos los aspectos de tu vida.

CAPÍTULO 4

AUTO-HIPNOSIS

A PESAR DE QUE EL TÉRMINO «auto-hipnosis» es un poco redundante, (dado que toda hipnosis es auto-hipnosis), puede llegar a ser una de las cosas más beneficiosas que puedes hacer en tu vida diaria. Es fácil de aprender, se siente de maravilla y ¡también es buena para ti! Aquí aprenderás a usar la hipnosis en <u>tu</u> vida diaria.

¿Cómo puede ayudarte?

Puedes usar la auto-hipnosis para aliviar el estrés, deshacerte de hábitos indeseables, forjar una autoestima más alta, mejorar tu memoria, tener un mejor *rapport* con tu mente subconsciente, darte un pequeño descanso (¡es mejor que una siesta!) y muchas, muchas cosas más. Las posibilidades son infinitas.

Por ejemplo, me he hipnotizado para dejar de conducir a exceso de velocidad en la autopista, para tener mejor memoria, para usar mis habilidades de PNL subconscientemente en mi vida diaria, y para dejar de morderme las uñas de los dedos. Estas son solamente algunas de las más importantes. Hay muchas, muchas más, porque me hipnotizo todos los días, por al menos quince minutos al día.

Cómo usar la auto-hipnosis

La *auto-hipnosis* es igual que la hipnosis regular, con excepción de que **tú mismo** te induces el trance. También te convences y te das sugestiones a ti mismo. Cuando terminas, también haces una cuenta en orden ascendente.

Entonces, ¿cómo lo haces? ¡Es fácil! Ya sabes cómo, porque leíste la primera parte de este libro.

Primero, elige un lugar donde no te interrumpirá nada, es decir niños, perros, la televisión o el teléfono. A medida que mejores, podrás hacerlo en situaciones menos tranquilas pero, por ahora, encuentra un lugar tranquilo donde puedas relajarte.

Lo mejor es elegir un lugar donde puedas sentarte que posea un soporte amplio para los antebrazos para que estés seguro de que no te vas a caer de la silla. Aunque caerte durante la auto-hipnosis es muy raro, lo mejor es que durante esta primera vez estés lo más seguro posible. Un sofá es un lugar <u>excelente</u> para sentarse.

Tipos de inducciones

Auto-relajación + escalera

Mi inducción favorita es la auto-relajación, porque puede hacerse en cualquier lugar, casi instantáneamente. Para esta inducción, elegirás una sugestión bastante sencilla, dicha positivamente. Por ejemplo: «Todos los días, avanzo hacia mi peso ideal», o el clásico «Todos los días, en todos los sentidos, me siento mejor y mejor.»

Esta forma de autoinducción esencialmente sigue la primera relajación progresiva que te proporcioné en el Capítulo 2. Simplemente relaja cada músculo, cada nervio y cada fibra de tu cuerpo, comenzando por la coronilla de tu cabeza hasta la punta de los dedos de tus pies.

Puedes hacerlo de muchas maneras. Podrías imaginar la misma escena que visualizaste cuando escuchaste el archivo en MP3 de muestra en el Capítulo 1.

O podrías inflar cada área de tu cuerpo como si fuera una pelota de hule; infla enormemente cada sección de tu cuerpo, y luego desínflala exhalando una ráfaga de aire, a medida que se relajan los músculos.

O podrías imaginar que tu cuerpo está formado por miles de ligas de hule estiradas, a medida que cada parte del cuerpo se relaja, las ligas se aflojan. ¡Las posibilidades son infinitas!

Mi relajación favorita es contraer cada músculo de mi cuerpo durante cinco segundos, y luego soltarla. Y quiero decir que de verdad me dejo ir, me suelto totalmente, como si alguien le hubiera cortado las cuerdas a una marioneta.

A continuación, imagínate bajar por una escalera de 10 escalones... al final de la cual todo es relajación pura: profunda, profunda hipnosis.

Luego, aplícate un convencedor, como aprendiste en el Capítulo 3. Después de todo, ¡tú también necesitas ser convencido cuando eres el sujeto! Me gusta hacer ojos pesados, porque es el más sencillo.

Finalmente, repítete tu sugestión, como un canto. Puedes elegir hacer esto las veces que quieras, pero te sugeriría repetírtelo por lo menos 10 veces.

El truco radica en mantener tus sugestiones breves y directas, para que puedan ser repetidas muchas veces sin mucho esfuerzo consciente.

Cuando termines, es momento de volver a tu consciencia despierta. Puedes subir por la escalera, o contarte de manera ascendente. Te sugeriría que no te durmieras al final, ya que esto podría volverse un hábito difícil de romper.

Inducciones pregrabadas

El siguiente tipo de inducción se hace con grabaciones de hipnosis. Estas cintas, discos compactos y transmisión de archivos de audio se pueden conseguir en tiendas de New Age, espectáculos de hipnosis de escenario y en sitios web como el mío: www.tranceout.com.

De hecho, yo me inicié en la hipnosis debido a una cinta que compré en la feria del condado. Algunas son buenas; otras, no tanto. Si quieres comprar este tipo de inducciones, te aconsejo que las compres en www.tranceout.com, o con alguien que conozcas y en quién confíes. Así sabrás que estás comprando un producto de calidad.

Inducción autograbada

¿Adivina qué? ¡Ya eres un hipnotizador! ¡Con una cinta virgen y un poco de creatividad, puedes grabar tus propias sesiones pregrabadas! Lo único que necesitas es una grabadora o una computadora.

Las grabadoras y las cintas vírgenes pueden comprarse casi en cualquier lugar. Radio Shack® probablemente sea tan buen lugar como cualquier otro. Usar tu computadora puede requerir un programa extra para grabar tu propia sesión y opcionalmente quemarla en un CD. Existe un programa que te recomiendo ampliamente llamado *Audacity* que funciona con Windows, Macintosh y Linux. Es desarrollado comunitariamente, en lugar de ser fabricado por un corporativo, por lo que es gratis. Puedes descargarlo en http://audacity.sourceforge.net

Cuándo no se debe usar la auto-hipnosis

Dado que la auto-hipnosis es, esencialmente, concentrar tu atención hacia tu interior, existen ciertos lugares donde no debes usarla. No uses la auto-hipnosis mientras estés manejando, operando maquinaría de cualquier tipo, cuidando a alguien que dependa inmediatamente de tu atención o cuidado, etc. Usa tu sentido común. La auto-hipnosis sólo debe usarse cuando puedas sentarte en silencio contigo mismo. La auto-hipnosis no es un reemplazo de la medicina tradicional.

CAPÍTULO CINCO:
HIPNOSIS DE ESCENARIO

Muy bien, todos hemos visto un espectáculo de hipnosis de escenario, ¿no? Si no, encuentra uno y ve a verlo. Los espectáculos de hipnosis de escenario pueden ser unos de los más entretenidos y alucinantes que jamás hayas visto.

¿Qué es lo que los hace tan geniales? El hecho de que gente ordinaria, como tú y como yo, sea llamada al escenario para hacer algunas de las cosas más escandalosamente divertidas e incomprensibles que nunca antes hayas visto. Gente aparentemente normal es «obligada» a hacer cosas absolutamente anormales. Debido a esto, muchas personas creen que la hipnosis de escenario es falsa. No podrían estar más equivocados. La hipnosis de escenario es muy real y divertida si se hace bien.

En este capítulo, te diré los cuatro grandes secretos que hacen que cualquier espectáculo de este tipo prácticamente se realice solo. También te explicaremos la inducción rápida y te daremos algunas ideas geniales de rutinas que puedes usar en un escenario.

Este capítulo no pretende convertirte en un hipnotizador de escenario experto. Solamente es un punto de partida. Si quieres leer algunos libros maravillosos que se enfocan en el hipnotismo de escenario, lee la Bibliografía en el Apéndice IV.

Muy bien, entonces... ¿Cuál es el secreto?

Probablemente eres una de esas personas que creen que todos los espectáculos de hipnosis son falsos, ¿verdad? Bueno, ¡considera esto! Existen cuatro grandes secretos que hacen que funcione la hipnosis de escenario:

Voluntarios: Siempre elige voluntarios que muestren el mayor entusiasmo por subir al escenario. Ellos serán los protagonistas entre la audiencia. Aquellos que con mayor probabilidad actuarán para ti, hipnotizados o no. Después de todo, el objetivo del espectáculo no es necesariamente hipnotizar a la gente, más bien es entretener a la audiencia. Trabaja con una audiencia grande y elige muchos voluntarios entusiastas.

Actitud: Nunca hagas que la hipnosis se convierta en un desafío, o atraerás personas negativas que se resistirán todo lo posible. En lugar de eso, enmárcala en una serie de experimentos que, si tienen éxito, divertirán a todo mundo. Esto los colocará en un estado mental adecuado en el cual se esforzarán en satisfacer las expectativas de sus compañeros voluntarios, de la audiencia y las tuyas.

Recortar voluntarios: A la primera señal de pérdida de trance o cualquier tipo de mal comportamiento regresa a los voluntarios a su asiento. Es importante manejar delicadamente los egos de estos voluntarios. Después de todo, estás ahí para entretener, no para hacer sentir mal a nadie. Esto se puede lograr sencillamente diciéndole a alguien algo así: «Señor/Señorita, me parece que usted disfrutará más este espectáculo desde su asiento. Gracias. Démosle a él/ella un aplauso.».

Principio «Como si»: Estructura tus sugestiones utilizando el Principio «Como si» y ellos estarán más dispuestos a seguirlas. Por ejemplo, en lugar de decir «Cuando cuente hasta tres, tus pies estarán pegados al suelo», di «Cuando cuente hasta tres, sentirás *como si* tus pies estuvieran pegados al suelo». Esto es mucho más fácil de seguir, porque incluso si no aceptan la sugestión de que sus pies se sentirán «pegados», seguirán teniendo la sugestión de actuar «como si» estuvieran pegados.

¿Cómo lo hacen tan rápido?

Después de leer la mayor parte de este libro, y experimentar con tu nuevo conocimiento con tus amigos y familiares, quizás te estés preguntando cómo hacen los hipnotizadores de escenario para inducir un trance en todo un grupo de gente lo suficientemente profundo como para ponerlos a hacer todas esas locuras en cuestión de unos cuantos minutos. Después de todo, la inducción que has aprendido en este libro es larga y prolongada, y requiere relajación e imaginación. Aunque estos tipos de inducciones funcionan bien en terapia, harían que el espectáculo fuera muy largo y aburrido.

La respuesta es la *inducción rápida*. Las inducciones rápidas funcionan extremadamente bien en la hipnosis de escenario, y están basadas en la exageración de los cinco puntos principales de la inducción exitosa:

Autoridad/Prestigio: Es imperativo que demuestres tu autoridad en el área de la hipnosis. Una exhibición apropiada de autoridad creará prestigio, el cual conllevará expectativa y *rapport*.

Rapport: El *Rapport* y —lo que es más importante— la confianza, son la clave para la conformidad de tus voluntarios.

Expectativa: La expectativa de tus voluntarios de lo que está a punto de suceder será uno de los factores más importantes para entrar en trance. En algunos casos, cuando la expectativa es lo suficientemente grande, todo lo que necesitan es un tirón en el brazo y un «¡DUERME!» fuerte para hipnotizarlos.

Contrato: Bajo la mayoría de las circunstancias, una especie de contrato verbal es importante para lograr el *rapport* en la hipnosis. Por ejemplo: «¿Está bien si te hipnotizo ahora?». En el caso del hipnotismo de escenario, el voluntariado forja un contrato poderoso.

Incluso <u>con</u> este contrato, es mejor preguntarle al grupo como un todo, si está bien que procedas después de darles una explicación suficiente de la hipnosis.

Deseo: La mayoría de tus voluntarios ya lo tendrán. ¡Después de todo, <u>son</u> voluntarios!

Con estos cinco principios presentes, puedes acelerar la inducción de dos a cuatro minutos y obtener formidables resultados.

Ideas para el escenario

Hacer un desglose completo de un espectáculo de hipnosis de escenario está mucho más allá del alcance de este libro, pero he incluido algunas ideas que puedes usar para comenzar, una vez que tus sujetos están en trance. Ten en cuenta que generalmente no sabrás los nombres de tus sujetos. Para dirigirte a ellos cuando tengan los ojos cerrados, es necesario que coloques tu mano en su cabeza/hombro/brazo/pierna y digas algo así como: «Tú, a quien estoy tocando...». Además, la mayoría de estos «experimentos» requieren que despiertes a tu voluntario para que lleve a cabo la sugestión, así que asegúrate de implantar una sugestión *post-hipnótica* para que regresen al trance cuando lo ordenes.

No se puede parar/sentar: Tú, a quien estoy tocando: A la cuenta de tres, cuando te despertaré, ¡te sorprenderá darte cuenta de que no puedes sentarte! No importa cuánto lo intentes, has perdido la habilidad de sentarte. 1, 2, 3, ¡DESPIERTA!

Olvidar el número 4: En un momento, cuando te despierte, olvidarás completamente el número 4. Éste simplemente se borrará de tu mente completamente. Será como si el número cuatro nunca hubiera estado ahí. Uno, dos, tres, completamente despierto. ¿Cómo te sientes?

Sujeto: Bien.

Hipnotizador: Excelente. Señor, ¿puede decirme cuántos dedos tiene?

S: Diez.

H: Diez, muy bien. ¿Puede hacerme el favor de contarlos?

S: Seguro. 1-2-3-5-6-7-8-9-10-¿once?

H: ¡Eso no parece correcto! Inténtelo otra vez.

S: 1-2-3-5-6-7-8.... (Confusión) No lo entiendo... Solía tener 10...

H: Tengo una idea... Intentemos esto. ¿Cuánto es siete menos tres?

S: (Perplejo) este...

H: Muy bien... ¡DUERME!

Catalejo de rayos X: [Este experimento necesita una pieza de cartón cortado con la forma de un catalejo de unos 75 a 90 centímetros de largo]. Cuando lo despierte, notará un objeto en su regazo. Este objeto es un Catalejo de Rayos X capaz de ver a través de la ropa de todos ¡menos de la mía! Podrá ver a través de la ropa de todos menos de la mía cuando mire a través de este Catalejo de Rayos X; sin embargo, si lo atrapo usándolo, se lo quitaré, así que asegúrese de ocultarlo de mi vista si volteo a verlo. Repito, le quitaré el catalejo si lo atrapo usándolo, así que asegúrese de esconderlo cuando lo mire.

Existen muchas otras rutinas y espectáculos grandiosos. Ve en la Bibliografía otros libros que tratan específicamente la Hipnosis de escenario y la hipnosis para entretenimiento.

Apéndices

APÉNDICE UNO:
LA HISTORIA DE LA HIPNOSIS

LA HIPNOSIS SE REMONTA TANTO COMO LA HISTORIA escrita en una forma u otra. Los antiguos egipcios utilizaban templos de sueños para revitalizar sus espíritus. Los budistas han utilizado la meditación —un fenómeno muy parecido a la hipnosis— durante milenios.

Los inicios

Franz Antón Mesmer (1734-1815)

Franz Mesmer fue un médico graduado del afamado Colegio de Medicina de Viena en 1776. Después de estudiar con un sacerdote jesuita, Mesmer se interesó en el magnetismo. El magnetismo era una práctica médica holística en la que se pasaban imanes sobre el cuerpo de los pacientes para promover la curación. Los resultados fueron fabulosos y Mesmer se convirtió en el experto más prominente de Europa.

> **¡Enfócate en esto!**
>
> Hasta este día, el término «mesmerizado» —derivado del apellido Mesmer— es utilizado para describir a alguien que está en un trance cautivado.

Mesmer creía que todos los seres vivientes tenían un «fluido» magnético invisible que corría a través de sus cuerpos. Tenía la teoría de que una persona con una cantidad suficiente de este fluido magnético sería fuerte y sana. Si una persona tenía una falta de fluido magnético se enfermaría mucho y posiblemente moriría. Denominó a esto «Magnetismo Animal», y acuñó esa frase popular.

Mesmer practicaba rutinariamente su magnetismo y se volvió muy famoso. Un día, mientras atendía a un paciente, descubrió que no tenía sus imanes. Deseando ayudar, Mesmer realizó los movimientos usuales sin sus imanes, sin esperar que su sesión tuviera éxito; no obstante, para su sorpresa, el paciente se curó de su padecimiento. Mesmer declaró que ya no necesitaba los imanes porque ya tenía suficiente fluido dentro de él que le permitía administrar las curaciones por sí mismo. Esto, junto con su afirmación de que las mujeres no tenían por qué padecer dolor durante el parto, provocó que su reputación cayera por los suelos. Tuvo que mudarse de Viena a París en 1778 para escapar del constante escarnio.

Cuando la popularidad de Mesmer crecía en París, inevitablemente adquiere un exceso de confianza. Insistió en que el Rey Luis XVI estableciera un panel para probar la realidad de sus prácticas y acallar a sus detractores. Esto resultó ser un grave error.

Un panel de hombres notables fue comisionado por encargo del Rey. Antoine-Laurent de Jessieu, un botánico famoso, Dr. Guillotin, inventor de la guillotina, Antoine-Laurent Lavosier, químico, y Benjamín Franklin, que ejercía como Embajador Estadounidense en Francia, pusieron manos a la obra. Benjamín Franklin habló en nombre de la comisión cuando escribió: «Este tipo Mesmer no está emanando nada de sus manos que yo pueda ver.

Por lo tanto, este Mesmerismo debe ser un fraude.» Su reputación quedó arruinada, Franz Mesmer murió solo y en la pobreza en Alemania en 1815.

Algún tiempo después, el Marqués de Puységur continuó el estudio de la obra de Mesmer y más tarde acuño el término *sonambulismo*, que seguimos utilizando en la actualidad para describir un estado profundo de hipnosis.

James Braid (1795–1860)

Un cirujano de Manchester, Inglaterra, James Braid, fue la primera persona que con precisión describió a la hipnosis como algo más que magnetismo.

En 1841, se lanzó a desacreditar el Mesmerismo en una demostración pública realizada por el mesmerista

> **¡Enfócate en esto!**
>
> Originalmente la Hipnosis era llamada *Neurohipnotismo*, que significaba *Sueño Nervioso*. Casi se convirtió en Monoideismo, que significaba fijar la atención en una sola idea; afortunadamente ese nombre no pegó.

ambulante, Lafontaine. En lugar de eso, quedó convencido del trance profundo en que cayó el joven voluntario de Lafontaine. Braid quedó totalmente fascinado y comenzó a estudiar su utilidad en la cirugía.

En 1843, James Braid publicó el primer libro de Hipnotismo, el cual le dio su nombre, titulado *Neurohipnotismo*. Se concentraba en el uso de la hipnosis para realizar cirugías sin dolor.

James Esdaile (1808-1859)

Antes del descubrimiento del Cloroformo u otra anestesia para cirugía, la tasa de mortalidad era alarmante. Hasta el 50% de los pacientes morían durante una cirugía importante del puro miedo o conmoción. No precisamente la más grata de las probabilidades.

James Esdaile, un cirujano escocés que trabajaba en la India, batió esas probabilidades con facilidad. Esdaile dedicaba hasta dos horas en preparar al paciente para la cirugía. Usando la fijación ocular, sonidos y movimientos oscilantes lentos, Esdaile ponía a sus pacientes en un profundo trance hipnótico, provocando una anestesia completa en todo el cuerpo. Su tasa de mortalidad cayó de un 50% hasta un 5% a 7%. Algo sin precedente en ese tiempo.

Esdaile realizó más de 1000 operaciones utilizando hipnosis como su única anestesia; más de 300 de ellas fueron cirugías mayores y 19 de ellas fueron amputaciones, antes de ser juzgado por la Asociación Médica de Inglaterra y que le revocaran su licencia médica.

Liebault y Bernheim, y la Escuela de Nancy para Hipnotismo

Ambrosio A. Liebault (1823-1904) fue un médico francés que vivía cerca de Nancy, Francia. Comúnmente conocido como el «Padre de la Hipnosis Sugestiva», Liebault se mudó a Nancy, donde trabajó gratis para evitar la persecución de los detractores del mesmerismo. Mientras no cobrara por sus servicios, no podían tacharlo de «curandero». En 1866, publicó la culminación de su arduo trabajo llamado *Du Sommeil*. Sólo se vendió un ejemplar.

La obra de Leibault fue enormemente ignorada hasta que hizo equipo con Hipólito Bernheim (1837-1919), un profesor de la Facultad de Medicina de Nancy. Bernheim era más lógico y científico que sus predecesores. No hacía afirmaciones extravagantes sobre la hipnosis; simplemente decía los hechos. Publicó estos hechos en su obra *Terapias sugestivas: Un Tratado sobre la naturaleza y usos de la hipnosis*. Pronto inauguraron la Facultad de Hipnosis de Nancy, donde fueron entrenados muchos de los futuros hipnotizadores del mundo.

Jean-Martin Charcot (1825-1893)

Charcot era un neurólogo en París en el siglo XIX que se especializaba en el estudio de los trastornos neurológicos. Probablemente sea más famoso por haber sido el primero en documentar y estudiar lo que posteriormente se conoció como Trastorno de estrés post-traumático.

Sus conclusiones iniciales sobre la hipnosis no fueron favorables. Creía que la hipnosis era un comportamiento anormal; más aún, que era un estado de histeria. Más tarde fue desacreditado por Bernheim debido a esta creencia y fue a estudiar con él a la Facultad de Hipnosis de Nancy.

Sigmund Freud (1856-1939)

El padre de la Psicoterapia Moderna, Sigmund Freud, en ese entonces un médico en Viena, comenzó a interesarse en la hipnosis conforme creció en popularidad y se ponía más de moda. Fue a Francia a estudiar con Charcot en la Facultad de Hipnosis de Nancy. Cuando Freud regresó a Viena, comenzó a practicar e investigar la hipnosis con su socio, el Dr. Breuer.

Eventualmente, Freud denunció a la hipnosis —un duro golpe que destruiría su reputación por años— cuando afirmó que una jovencita de repente se levantó y lo besó en los labios mientras estaba en trance. La historia real es un poco menos emocionante que eso.

Freud frecuentemente utilizaba hojas de cocaína entre sus mejillas y encías para controlar el dolor, una práctica común en esa época. Eventualmente esto llevó a la destrucción de sus encías, lo cual hizo que sus dentaduras no se fijaran bien. Debido a esto, Freud arrastraba la voz y no podía hablar con la claridad suficiente para inducir la hipnosis en la gente. De todos modos, su «historia» pública dañó gravemente la credibilidad de la hipnosis en el campo médico.

Posteriormente, le dio crédito a la hipnosis por haberlo conducido en la dirección correcta. A partir de sus estudios del hipnotismo, comenzó a formular sus teorías de «terapia hablada» y así nació el concepto de la psicología moderna.

Los nuevos padres de la Hipnosis

La hipnosis disfrutó un interés revivido a finales de la década de los cuarenta y principios de los cincuenta. Al ser aprobado como un tratamiento válido por la Asociación Médica Estadounidense en 1958, médicos, dentistas y terapeutas comenzaron —una vez más— a experimentar con la hipnosis y a estudiarla.

Milton H. Erickson (1901-1980)

Nacido en Aurum, Nevada y criado en Wisconsin, Erickson se interesó en la hipnosis después de presenciar una demostración de Clark Hull. ¡Quedó tan impresionado que se reunió con Hull después del espectáculo y lo hipnotizó! Se enseñó hipnosis a sí mismo a partir de ese momento.

Erickson poseía una gran comprensión de la mente humana. Aunque era psicólogo y psiquiatra, había recibido su entrenamiento más importante a temprana edad. Él lo explica en esta cita tomada de la obra *Personalidad y vida del Dr. Erickson* por Jay Haley, 1967:

«Tuve un ataque de poliomielitis a los 17 años y estuve en cama sin tener sensación alguna de mi cuerpo. Ni siquiera sabía cuál era la posición de mis brazos o piernas en la cama. Me pasaba horas tratando de ubicar mi mano o mi pie o los dedos de mis pies recordando cómo se sentía; después me volví extremadamente consciente de qué era el movimiento. Más tarde, cuando estudié medicina, aprendí la naturaleza de los músculos. Utilicé ese conocimiento para desarrollar un uso adecuado de los músculos que la poliomielitis me había dejado, y a cojear con el menor esfuerzo posible; esto me tomó diez años. También me volví extremadamente consciente de los movimientos físicos, y eso me resultó muy útil. Las personas usan esos pequeños movimientos distintivos, esos movimientos de ajuste que son tan reveladores si uno presta atención. Gran parte de nuestra comunicación radica en nuestros movimientos corporales, no en nuestras palabras. He descubierto que puedo reconocer a un buen pianista no por los ruidos que hace, sino por la manera que sus dedos tocan las teclas. El toque seguro, el toque delicado, el toque contundente que es tan preciso. La ejecución adecuada supone movimientos físicos exquisitos.»

Milton H. Erickson esencialmente revolucionó el campo de la hipnosis. Aunque existen quienes promueven y enseñan una técnica Ericksoniana pura, los elementos de la sabiduría de Erickson están presentes en casi todos los estilos de hipnosis hoy en día. Si bien una discusión apropiada de las técnicas Ericksonianas está más allá del alcance de este libro, existen libros enteros sobre el tema. (Revisa la bibliografía.)

Dave Elman (1900-1967)

De niño, Dave Elman tuvo que presenciar que su padre —un hipnotizador de escenario— moría dolorosamente de cáncer. Una semana antes de que su padre muriera, un amigo de la familia —que también era hipnotizador— vino y puso a su padre en trance para aliviar su dolor. Esta fue la última vez que Dave Elman vio a su padre en paz, alegre y de buen humor. Esto le dejó una impresión duradera.

Elman pasó el resto de su vida dedicado a enseñarles hipnosis a personas que ejercían en el área de la salud. Médicos, psicólogos, dentistas, pediatras y más, colmaban sus clases semana tras semana, mientras Elman viajaba por el país con su esposa. Elman se especializó en una inducción rápida que funcionaba muy bien la mayor parte del tiempo. Esto le abrió la puerta a otras aplicaciones médicas en las que el médico no tenía tiempo para pasar de diez a veinte minutos induciendo la hipnosis en los pacientes. Rápidamente se pasó la voz, y las clases de Elman resultaron un éxito. Antes de morir, escribió un solo libro donde lo describe todo. En mi opinión, es una lectura indispensable para todo el mundo... médico o no. Revisa la bibliografía para mayor información.

Ormond McGill (1913-2005)

El Decano de la Hipnosis de Escenario Moderna, Ormond McGill ha sido descrito como «...uno de los verdaderos gigantes en la historia del hipnotismo» por hipnotizadores tan grandes como Gil Boyne. A principios de la década de 1920, McGill desarrolló un estilo teatral que incluso hoy día no tiene rival. Muchos de los grandes hipnotizadores actuales han comenzado o perfeccionado su estilo en un seminario de Ormond. Su libro, *La Enciclopedia del Hipnotismo de Escenario* es una lectura indispensable para cualquiera que aspire a realizar hipnosis.

Richard Bandler y John Grinder

Bandler y Grinder son los cofundadores de la *PNL*, también conocida como Programación Neuro-Lingüística. La PNL está relacionada ligeramente con la hipnosis en una forma u otra, y está basada, en parte, en las teorías de «cambio rápido» de la psicoterapia. La PNL se ha convertido en una herramienta favorita de muchos hipnotizadores, debido a sus habilidades para generar rapport y acabar con las fobias y provocar rápidamente un cambio en el sujeto.

Richard Bandler se especializó en matemáticas e informática, y estudiaba en la Universidad de Santa Cruz a principios de la década de 1970. Se interesó en la psicoterapia mientras corregía un libro escrito por el Dr. Perls; se acercó a John Grinder, un profesor y maestro de lingüística, para proponerle un estudio de la estructura de los patrones de lenguaje que los terapeutas utilizan para curar a sus pacientes. La combinación del pensamiento lógico estructurado de Bandler con el desglose del lenguaje de Grinder fue algo que la terapia nunca antes había visto. Al estudiar los *patrones* de terapeutas notables y exitosos (Fritz Perls, psicología; Gregory Bateson, Lingüística/ Semántica General; Virginia Satir, Terapia Familiar; Milton H. Erickson, hipnosis), desarrollaron una serie de terapias generales que cualquiera podía usar para generar el cambio.

Aunque la PNL ha tomado muchas direcciones, nos enfocaremos en sus beneficios de curación e hipnosis. La PNL también ha sido aplicada a muchas áreas, desde persuasión hasta escritura poderosa, vender cualquier cosa y la seducción. Hay muchas fuentes disponibles en la Bibliografía.

A. M. Krasner

Fundador del *American Board of Hypnotherapy* (Consejo Estadounidense de Hipnoterapia, en español), originalmente llamado *California Council of Hypnotherapy* (Consejo Californiano de Hipnoterapia, en español), el Dr. Krasner ha sido pionero y ha enseñado muchas de las técnicas utilizadas en la hipnoterapia moderna. Su técnica sencilla y sin adornos para tranquilizar a un sujeto (y luego ponerlo en trance) está muy bien documentada en su libro (ver Bibliografía). Su estilo es enseñado en la *American Pacific University* (Universidad Estadounidense del Pacífico, en español), aprobado por el *American Board of Hypnotherapy*. La contribución del Dr. Krasner fue tan grandiosa que fue seleccionado para su inclusión en el *Directory of Distinguished Americans for outstanding contributions to the field of hypnotherapy* (Directorio de Estadounidenses Distinguidos por su sobresaliente contribución al campo de la hipnoterapia, en español).

APÉNDICE DOS:
GLOSARIO

Es importante coincidir en el significado de las palabras y acordar en sus definiciones. He aquí algunos de los términos que se utilizan en el campo de la hipnosis y áreas relacionadas, junto con sus definiciones comunes.

- Amnesia: Olvido total de un evento o sujeto específico.

- Analgesia: Pérdida de la sensación de dolor, pero retención de las sensaciones de presión y calor.

- Anestesia: Pérdida completa de sensación en un área particular del cuerpo.

- Anestesia de Guante: Es una anestesia que comienza en la mano y puede transferirse a cualquier parte del cuerpo a través de la mano.

- Apilar realidades: Es hacer evidente al sujeto la realidad que está viviendo, al presentarla por medio de una serie de sugestiones: «Estás leyendo estas palabras, y al respirar y parpadear... pensando los pensamientos que estás pensando, te sientes bien.»

- Catalepsia: Es un equilibrio perfecto de los músculos opuestos en un área del cuerpo, manteniendo una extremidad o todo el cuerpo rígido.

- Cese: Es el acto de eliminar un hábito, tal como dejar de fumar.

- Congruencia: Comportarse de una manera tal que vaya de acuerdo con las palabras que uno dice.

- Convencedores: «Pruebas» de susceptibilidad para convencer al sujeto y al hipnotizador que el sujeto está en trance.

- Fijación Ocular: Es hacer que el sujeto se quede viendo un punto específico hasta que sus ojos se cansan tanto que se cierran por sí solos.

- Fraccionamiento: Hacer que el sujeto salga y entre en trance repetidamente para profundizar su trance.

- Inducción Rápida: Es una inducción que utiliza las cinco características de las buenas sugestiones para inducir el trance rápidamente en un sujeto.

- Interrupción de Patrón: Es una técnica en la cual el hipnotizador puede interrumpir un movimiento común en el sujeto para inducir el trance rápidamente.

- Intervención: Es el acto de «curar» a una persona utilizando sugestiones y otras modalidades como la PNL.

- Metáfora: Es un historia corta adaptada a la situación del sujeto.

- Órdenes Directas: Son órdenes dadas a un sujeto de manera directa, tales como «párate» o «dejarás de fumar».

- PNL o Programación Neurolingüística: Es una modalidad para crear un cambio en tu sujeto, utilizando muchas técnicas.

- Rapport: Es una sensación de comodidad y confianza compartida entre el hipnotizador y el sujeto.

- Series «Sí»: Es apilar realidades, donde cada porción de la serie sí requiere que el sujeto responda sí, para que de esta manera sea más probable obtener un resultado sí para la parte deseada.

- Sincronizar: Seguir a tu sujeto con tu lenguaje corporal, movimientos, tonalidad, ritmo o elección de palabras.

- Sugestión: Son palabras formadas de manera tal que el sujeto se siente obligado a actuar cuando se le ordenan.

- Sugestión Post-hipnótica: Son sugestiones que se llevarán a cabo después de que el sujeto ha sido despertado. Algunas veces son disparadas por un evento o cuando se diga una palabra específica.

- Tempo: Es la velocidad y ritmo de las palabras que se dicen.

- Tonalidad: Es el tono, o gravedad y agudeza de la voz.

APÉNDICE TRES:
GUIONES

ESTOS GUIONES SON DEL DOMINIO PÚBLICO, y están disponibles en internet en muchos lugares. Los compartimos aquí para tu conveniencia.

Inducciones

Estas son algunas de las inducciones más comunes que se utilizan hoy día. Ve la Bibliografía para información sobre otros libros que se enfocan exclusivamente en guiones.

Método de Relajación I

Suéltate, relájate. Deja que una sensación agradable pase por todo tu cuerpo. Deja que cada músculo y cada nervio se suelte, que estén muy laxos y muy relajados. Ahora tus brazos están laxos, como si fueran de una muñeca de trapo. Muy bien.

Ahora, envía una ola placentera de relajación sobre todo tu cuerpo, desde la parte superior de tu cabeza hasta la punta de los dedos de tus pies. Deja que cada músculo y nervio se suelte, esté laxo y relajado. Te estás sintiendo más relajado con cada inhalación.

Laxo, aletargado y soñoliento. Muy calmado y relajado. Te estás relajando más con cada latido de tu corazón... con cada inhalación... con cada sonido que escuches.

Método de Relajación II

Tus brazos están sueltos y laxos, como si fueran de una muñeca de trapo. Mientras levanto tu mano, deja que todo su peso cuelgue laxamente en mis dedos. Cuando la deje caer, enviará una onda de relajación por todo tu cuerpo. Cuando sientas que tu mano toca tu cuerpo, enviará esa onda de relajación desde la parte superior de tu cabeza hasta abajo, hasta las puntas de los dedos de tus pies.

Conforme lo haces, descubres que duplicas tu nivel previo de relajación.

Ahora, una vez más, con la otra mano. (Repite con la otra mano.)

Método de escalera

En un momento voy a relajarte más completamente. En un momento voy a comenzar a contar en orden descendente del 10 al 0.

Cuando diga el número 10 permitirás que tus párpados sigan cerrados. Cuando diga el número 10, te verás a ti mismo, con tus ojos internos, en la parte superior de una pequeña escalera.

Cuando diga el número 9, y con cada número siguiente, simplemente descenderás por la escalera relajándote completamente. En la base de la escalera está una enorme cama de plumas, con una cómoda almohada de plumas.

Cuando diga el número cero simplemente te hundirás en esa cama, reposando tu cabeza en esa almohada de plumas.

Número 10, ojos cerrados en lo alto de la escalera. Diez...

Nueve, relájate y déjate ir. Nueve...

Ocho, húndete en una posición más cómoda, calmada y tranquila...

Siete...

Seis... descendiendo...

Cinco... descendiendo por la escalera, relajándote más completamente.

Cuatro...

Tres... inhala profundamente...

Dos... más y más relajado...

Uno... En el siguiente número, número cero, simplemente te hundirás en esa cama, te sentirás más calmado, más tranquilo, más relajado...

Cero... Hundiéndote en esa cama de plumas, deja que cada músculo esté laxo y suelto a medida que te hundes en un estado de relajación más calmado, más tranquilo.

Método del brazo rígido

Levanta y pon rígido tu brazo. Haz un puño. (Ayuda al sujeto a tomar esta posición, luego suéltalo.) Muy bien. Como si fuera una barra de acero, rígida y poderosa. Tan duro y rígido, tan poderoso que entre más intentes bajarlo o doblarlo, se vuelve más rígido y apretado. Intenta bajar o doblar tu brazo y descubrirás que está atorado; apretado y rígido. Entre más lo intentes, más rígido se vuelve.

Muy bien. Cuando toque tu frente, tu brazo cae blandamente hacia abajo y tú entras más profundo en tu sueño. (Toca su frente.)

Método de dejar caer el brazo

Instrucciones para el Hipnotizador:

Se le pide al sujeto que levante un brazo de modo que la mano esté ligeramente arriba de la cabeza y se le dan las sugestiones. Hay varios aspectos de esta inducción que vale la pena enfatizar. Primero, el brazo se coloca en una posición tal que haga que la fatiga finalmente lo haga bajar. El movimiento descendente está ligado con «bajar» a un «estado profundo de relajación». Entre más se esfuerce el individuo en mantenerlo arriba, estará más involucrado con la proposición implícita en la frase: «No entrarás en un estado más profundo de relajación hasta que el brazo haya bajado totalmente». Por supuesto, esto significa que: «Entrarás en dicho estado cuando el brazo baje totalmente.»

Dile al sujeto:

[Haz que el sujeto eleve su brazo de modo que la mano esté ligeramente sobre su cabeza]. Mira fijamente uno de los dedos, puede ser el índice o el dedo medio. Puedes seguir viéndolo o, si lo deseas, cerrar los ojos y visualizarlo con los ojos de tu mente. Mientras fijas tu atención en él, notarás que los otros dedos tienden a salirse de foco y que todo tu brazo comienza a sentirse más y más pesado. Entre más te concentras en ese dedo, tu brazo se vuelve más y más pesado. Sin embargo, no entrarás en un estado profundo de relajación hasta que el brazo haya descendido totalmente. Sigue concentrándote en ese dedo mientras tu brazo se vuelve más y más pesado. [Cuando se vuelva aparente el movimiento descendente.] Observa que a medida que el brazo se vuelve más pesado, lentamente comienza a bajar, bajar, bajar. Pero no te relajarás en un estado profundo de relajación hasta que el brazo haya bajado totalmente. Bajando, bajando, bajando, más profundo, más profundo, más profundo. [Continúa los comentarios de profundización: Las sugestiones deben sincronizarse con el movimiento real del brazo].

Método de levitación del brazo I

Instrucciones para el Hipnotizador:

Esta técnica de inducción (o profundización) requiere que el hipnotizador sintonice el ritmo de las sugestiones con las respuestas del sujeto.

Dile al sujeto:

Voy a contar del uno al veinte. A medida que lo haga, una sensación ligera, agradable, placentera se mueve en tu mano derecha y en tu brazo derecho. A medida que siga contando, esa sensación se vuelve más y más fuerte. Pronto sentirás el primer movimiento ligero de tus dedos, una contracción de los músculos. [En este punto, toma el brazo del sujeto y demuéstrale cómo se moverá mientras continúas con las siguientes sugestiones]. Luego tu mano comienza a elevarse. Tu brazo comienza a elevarse. Se sigue moviendo, elevándose, levantándose hasta que descansa sobre tu cuerpo.

Ahora, cuando sientas el movimiento en tu mano y en tu brazo, no intentes resistirte. Podrías resistirte, si quisieras; pero esa no es la razón por la que estás aquí. Deja que tu mente subconsciente haga su trabajo perfecto. Muy bien, ahora estamos listos para comenzar.

Número Uno: La primera sensación ligera avanza por la punta de los dedos de tu mano derecha.

Número Dos: La sensación se extiende por debajo de tus uñas.

Número Tres: Está subiendo hasta la primera articulación de los dedos.

Número Cuatro: Se está extendiendo por los grandes nudillos del dorso de la mano.

Número Cinco: Los primeros movimientos ligeros comienzan a aparecer. Movimientos ligeros de los dedos, una contracción de los músculos.

Número Seis: La sensación ligera se extiende por el dorso de tu mano.

Número Siete: Se extiende sobre tu pulgar y dentro de éste.

Número Ocho: Ahora hay movimiento en toda la palma de tu mano.

Número Nueve: La sensación ligera se extiende hasta tu muñeca. Ahora piensa en tu mano izquierda. Notarás que, en comparación, tu mano izquierda está comenzando a sentirse muy, muy pesada.

Conforme llegamos al Número Diez tu mano derecha comienza a sentirse más y más ligera, con cada número que cuente; tan ligera como una pluma flotando en la brisa, e incluso más ligera. Tan ligera como un globo lleno de helio. Igual que un globo lleno de helio se eleva y flota hacia el techo, de la misma manera, cuando lleguemos al número veinte, tu mano derecha se moverá, levantará, elevará y flotará.

Número Once: La sensación ligera ha avanzado más allá de tu muñeca, se está extendiendo por tu antebrazo.

Número Doce, Trece: Una vez más piensa en tu mano izquierda. Tu mano izquierda se siente muy pesada, se siente como si fuera de mármol o de piedra.

Número Catorce: Esa sensación ligera se está extendiendo hacia tu codo.

Ahora llegamos al Quince: Desde la punta de los dedos de tus manos hasta el codo tu mano se ha vuelto ligera, ligera y libre. Está comenzando a elevarse. Se está moviendo, levantando, elevando y flotando.

[En este punto, si la mano no se está moviendo, suavemente levanta la mano para que comience a hacerlo.]

Muy bien, Dieciséis: Ahora tu brazo se está moviendo, levantando y elevando. A medida que tu brazo se esté elevando, vas a entrar más y más profundo en la hipnosis.

Diecisiete: Tu mano sigue moviéndose, levantándose y elevándose hasta que descansa por arriba de tu cuerpo.

Dieciocho: Moviéndose, levantándose, elevándose, flotando. En este momento está arriba, cuando tu mano descanse por arriba de tu cuerpo, en ese momento tus párpados estarán herméticamente cerrados. Tus párpados están tan herméticamente cerrados en ese punto, entre más intentes abrirlos más herméticamente cerrados estarán.

Diecinueve: Tu mano está lista para descender y descansar junto con tu cuerpo.

Veinte: Ahora tu mano esta junto con el resto de tu cuerpo y al mismo tiempo, tus párpados están herméticamente cerrados, entre más intentes abrirlos más herméticamente cerrados estarán.

Muy bien, deja de intentarlo y entra más profundo en el trance.

Método de la confusión

El mensaje básico de esta inducción es el olvido consciente y el saber subconsciente. Este mensaje se prolonga y se repite. Separa las instrucciones para la mente consciente y separa las instrucciones para la mente subconsciente. Mantiene la atención del subconsciente, mientras que desestima la atención del consciente mediante las sugestiones, así como las pausas y la fatiga mental.

Haz que el sujeto se siente o se acueste en una posición relajada, con los ojos cerrados. Lee el texto de manera lenta y rítmica.

Dile al sujeto:

[Solo léelo la primera vez, no lo repitas] Cierra tus párpados y deja que tu mente divague.

Estás consciente de todo y, sin embargo, no eres consciente de eso. Estás escuchando con tu mente subconsciente, mientras que tu mente consciente está muy lejos y no está escuchando. Tu mente consciente está muy lejos y no está escuchando. Tu mente subconsciente está alerta y escuchando, y oyéndolo todo, mientras que tu mente consciente permanece muy relajada y tranquila. Puedes relajarte tranquilamente porque tu mente subconsciente está tomando el mando y, cuando esto sucede, cierras los ojos y dejas que tu subconsciente se encargue de escuchar todo. Tu mente subconsciente sabe, debido a que tu mente subconsciente sabe, tu mente consciente no necesita saber y puede permanecer dormida, esto no importa mientras tu mente subconsciente permanezca bien despierta.

Posees mucho potencial en tu mente subconsciente que no tienes en tu mente consciente. Puedes recordar todo lo que ha sucedido con tu mente subconsciente, pero no puedes recordar todo con tu mente consciente. Puedes olvidar con mucha facilidad, al olvidar ciertas cosas puedes recordar otras. Recuerdas lo que necesitas recordar, olvidas lo que puedes olvidar. No importa si olvidas, no necesitas recordar. Tu mente subconsciente recuerda todo lo que necesitas saber, puedes dejar que tu mente subconsciente escuche y recuerde, mientras tu mente consciente duerme y olvida. Mantén los ojos cerrados y escucha con tu mente subconsciente, cuando estés escuchando muy, muy cuidadosamente, tu cabeza puede decir «sí».

Mientras me sigues escuchando, con tu mente subconsciente, tu mente consciente duerme más y más profundo, más y más profundo. Deja que tu mente consciente permanezca profundamente dormida, y deja que tu mente subconsciente me escuche.

[Repite comenzando con el segundo párrafo.]

[Utiliza una técnica de profundización y prueba al sujeto.]

Método de Dave Elman

Versión de Gil Boyne (Técnica de dos dedos)

Dile al sujeto:

Por el momento, descansa tus brazos laxamente sobre tus muslos, de esta manera [enséñale la posición al sujeto]. Ahora quiero que veas mi mano. En un momento voy a llevar mi mano hasta enfrente de tus ojos de esta manera. [Demuéstraselo llevando el dedo índice y medio de la mano, formando una V, hasta una posición por encima de sus cejas]. Cuando lo haga, bajaré mi mano enfrente de tus ojos. Mantén tus ojos fijos en mis dedos. Mientras bajo mi mano, permite que tus párpados se cierren. [Baja la mano, con un dedo moviéndose debajo de cada ojo.]

[Coloca los dedos en forma de V arriba de las cejas para que lo obligues a mirar hacia arriba en ángulo para ver la punta de tus dedos.] Muy bien, ahora fija tus ojos en mis dedos. Ahora estoy bajando mi mano enfrente de tus ojos, a medida que lo haga, deja que tus párpados se cierren. [Baja la mano, con un dedo moviéndose debajo de cada ojo.]

Ahora tus párpados están cerrados. Quiero que relajes cada diminuto músculo y nervio en tus párpados y alrededor de éstos. Quiero que los relajes tanto de modo que aunque lo desees ya no se pueden mover.

Ahora, cuando sientas que los has relajado tanto que aunque lo desees ya no se puedan mover, ponlos a prueba; verás que has tenido éxito. Ahora, relájalos tanto que aunque lo desees ya no los puedes mover. Ahora ponlos a prueba; verás que has tenido un éxito absoluto. [Si abre los ojos, dile que los vuelva a relajar, esta vez más completamente y los vuelva a poner a prueba. Si no abre los ojos, haz una pausa de tres segundos y continúa.]

Muy bien, bien hecho. Ahora, deja de probarlos y relájate, ve más profundo. Ahora voy a levantar tu mano. Voy a tomar tu pulgar derecho con mis dedos de esta manera. [Toma su pulgar entre tu pulgar y tu dedo índice, asegúrate de tomar el pulgar correcto]. Mientras levanto tu mano, permite que esta cuelgue lánguidamente en mis dedos [**Opcional:** balancea el brazo hacia los lados ligeramente]. Luego, cuando la suelte, deja que caiga como si fuera un trapo húmedo. Cuando tu mano toque tu cuerpo, al caer, envía una ola de relajación desde la parte superior de tu cabeza hacia abajo hasta la punta de los dedos de tus pies. Eso duplicará tu actual nivel de relajación.

[Levanta la mano, de manera opcional balancéala.] Ahora, voy a levantar tu mano. Eso es todo, deja que cuelgue lánguidamente. Muy bien. Ahora, cuando la suelte, deja que caiga como si fuera un trapo húmedo, cuando tu mano toque tu cuerpo, envía una onda de relajación desde la parte superior de tu cabeza hasta la punta de los dedos de tus pies. [Suelta la mano.] Muy bien.

Ahora, repetiremos el proceso con la mano izquierda. Ahora, voy a levantar tu mano izquierda, cuando tome tu pulgar, déjala colgar lánguidamente. [**Opcional:** balancea el brazo hacia los lados ligeramente.] Muy bien; ya sabes hacerlo. Cuando la suelte, déjala caer como si fuera un trapo húmedo. Cuando tu mano toque tu cuerpo, envía otra ola de relajación desde la parte superior de tu cabeza hasta la punta de los dedos de tus pies y duplica tu nivel de relajación actual. [Suelta la mano.] Muy bien.

Ahora, tu cuerpo está relajado y voy a mostrarte cómo relajar tu mente. Escucha con mucha atención. La próxima vez que toque tu frente, quiero que comiences a contar en orden descendente a partir del número cien de esta manera: Cien, sueño más profundo. Noventa y nueve, sueño más profundo. Noventa y ocho, sueño más profundo, y así sucesivamente. Después de que hayas contado unos cuantos números, cuando llegues al noventa y siete o noventa y seis, o tal vez cuando mucho al noventa y cinco, observarás que estos números desaparecen. Descubrirás que tu mente se ha relajado tanto que simplemente los liberarás de tu mente.

Muy bien, prepárate, tres, dos, uno. [Toca la frente del sujeto.] Comienza a contar. [Escúchalo contar en orden descendente. Basándote en su velocidad, tal vez le puedas decir lo siguiente.] *Bien*, cuenta lentamente ahora. [Después de cada cuenta, dile algo como esto:] *excelente/bien*. [Después de que cuente hasta noventa y siete dile:] Comienza a liberarlos de tu mente. [Después de otros cuantos números, basándote en el desempeño del sujeto, dile:] Deja que se liberen de tu mente en este momento. [Después de otra cuenta:] Deja que se desvanezcan completamente.

[Después de que el sujeto haya dejado de contar, continúa con:] Bien hecho, has relajado tu cuerpo; has relajado tu mente; has entrado a un estado mucho más profundo de hipnosis.

[Utiliza una técnica de profundización y prueba al sujeto.]

Método del bosque y el arroyo

Instrucciones para el Hipnotizador:

Para esta inducción resulta útil tener sonidos de agua, pájaros y otros sonidos propios del bosque en el fondo, pero no comiences los sonidos hasta que se te indique en la inducción.

Dile al sujeto:

A fin de prepararte para esta agradable y útil experiencia, asegúrate de aflojar cualquier ropa apretada, luego colócate en la posición más cómoda que puedas...

Ahora cierra los ojos e inhala profundamente; contén la respiración durante tres o cuatro segundos y luego exhala lentamente... [Haz una pausa mientras el sujeto responde.]

Vuelve a inhalar profundamente y exhala lentamente... sigue haciéndolo 5 o 6 veces más...

Cuando inhalas, llevas más oxígeno al interior de tu cuerpo, y cuando exhalas provocas que tu cuerpo se siga relajando más y más... [Haz una pausa y observa.]

Ahora puedes seguir respirando fácil y libremente, puedes sentir que te estás sintiendo más calmado y tranquilo...

Estás exhibiendo señales que indican que estás entrando a un estado de relajación muy profundo y tranquilo... mientras continúo hablándote, puedes seguir relajándote más tranquilamente... no importa cuán profundo te relajes, te sientes feliz de poder sentirte más calmado, más tranquilo y más en paz... sigue respirando fácil y libremente...

Tu mente subconsciente siempre estará consciente de lo que estoy diciéndote, por lo que cada vez es menos y menos importante escuchar conscientemente mi voz...

Tu mente subconsciente, y todos los niveles de tu mente interna pueden escuchar y recibir todo lo que te diga, esto permite que tu mente consciente pueda relajarse completamente...

Sigues experimentando una paz mental perfecta, y puedes sentir como entras en la situación que te describo... va a suceder automáticamente, ni siquiera necesitas pensar al respecto conscientemente...

[Opcional: Reproduce la grabación con sonidos de pájaros y agua. Haz una pausa de unos 30 segundos después de que comiencen los sonidos de fondo.]

Ahora quiero que imagines que estás acostado en una posición cómoda cerca de un arroyo de agua fresca y cristalina, en un hermoso bosque en un perfecto día de verano...

Hay una brisa cálida y gentil, el aire es fresco y limpio, el sonido del pacífico arroyo es bastante relajante...

Cada vez es menos importante que escuches mi voz conscientemente, porque tu mente subconsciente y todos los niveles de tu mente interna están escuchando y recibiendo todo lo que digo...

En tu mente, estás disfrutando la belleza de la naturaleza, mientras la luz del sol brilla a través de los árboles y escuchas el suave fluir de agua y el alegre canto de los pájaros...

Estás acostado en ese lugar, relajándote cómodamente... es tan tranquilo que te sigues sintiendo más relajado que nunca antes en toda tu vida...

Mientras sigues disfrutando esta pacífica y placentera experiencia, una suave somnolencia comienza a apoderarse de todo tu cuerpo, desde la parte superior de cabeza hasta la planta de tus pies...

Sigues sintiéndote más tranquilo, más relajado y más seguro...

Ahora, mientras estás acostado con los ojos cerrados, estás tan relajado, cómodo y feliz que sigues entrando en un estado más tranquilo, más distante...

Pudiera parecer que vas adentrando hacia un estado de sueño...

Puede haber ocasiones en las que te parezca que mi voz está muy lejos... y puede haber ocasiones, cuando te esté hablando, en las que no estarás consciente de mi voz, y eso está bien, porque tu mente subconsciente sigue recibiendo cada palabra que digo, y está convirtiendo en realidad todo lo que te estoy diciendo...

A partir de ahora sólo serás influenciado por pensamientos, ideas y sentimientos positivos...

Los siguientes pensamientos vienen a ti... estoy tranquilo, seguro y relajado... estoy cómodo y a gusto... tengo el control de mi mismo todo el tiempo... soy responsable de mi cuerpo, siempre trato bien a mi cuerpo... mi mente me permite estar relajado y tranquilo mientras que realizo mis actividades diarias...

[Nota: *Los siguientes párrafos pueden usarse para terapia.*]

Tu mente subconsciente, y todos los niveles de tu mente interna ahora pueden revisar y examinar qué ha

provocado ese problema, y pueden evaluar esa información y encontrar una solución que sea placentera para ti...

Quedarás complacido al observar que mejoras más cada
día, puedes estar seguro de que es algo permanente y
duradero...

Cuando tu mente interna comprenda que ha
provocado ese problema y se dé cuenta de que está
bien deshacerse de éste, el dedo índice de tu mano
derecha se elevará hacia el techo y permanecerá
levantado hasta que le diga que baje.

[Nota: Mientras la mente del sujeto esté revisando la
información y estés esperando que el dedo se levante,
dale sugestiones para una prescripción apropiada y
pertinente del problema.]

Método de la mano hacia la cara

Instrucciones para el Hipnotizador:

Dile al sujeto que se ponga lo más cómodo posible, con
los brazos reposando sobre los brazos de la silla.
Muéstrale cómo te gustaría que sostuviera su mano
enfrente de su cara. Con la palma de la mano hacia la
cara, con los dedos hacia arriba, ligeramente apretados
entre sí. La mano debe estar a la altura de los ojos.
Haz que el sujeto cierre los ojos y comienza con una

relajación progresiva, y luego procede con la Inducción de la mano hacia la cara.

Dile al sujeto:

En un momento, cuando te lo pida, voy a pedirte que pongas una de tus manos enfrente de tu cara, con los dedos hacia arriba, ligeramente apretados entre sí. Luego voy a pedirte que abras los ojos y elijas un punto en tu mano. Tal vez te parezca difícil abrir los ojos, y mantenerlos abiertos, lo cual es natural dado que has estado tan relajado. Voy a pedirte que intentes abrir los ojos, y con un poco de esfuerzo procures mantenerlos abiertos.

Ahora, lo único que tienes que lograr es que quiero que permanezcas totalmente relajado y tranquilo, incluso con los ojos abiertos, y tu mano en esta posición.

Permaneciendo relajado y tranquilo, mueve tu mano hasta que quede enfrente de tu cara con los dedos hacia arriba, ligeramente apretados entre sí.

Ahora, intenta abrir los ojos, y elige un punto en tu mano, y comienza a concentrarte en él.

Mientras te concentras única y exclusivamente en ese punto, tus dedos van a separarse.

No tienes que hacer que se separen, pero no intentes detenerlos... concéntrate, y permite que las cosas ocurran.

Ahora, siente cómo se están separando. Ahora se están separando automáticamente... Comienzas a sentir como si tuvieras un hilo atado a cada dedo, separándolos. Separándolos más y más.

[Una vez que los dedos se hayan separado, procede de la siguiente manera.]

Ahora, no permitas que te moleste que esa sensación pesada y somnolienta en tus ojos comience a ser más fuerte ahora que tus dedos se han separado.

Es una sensación muy natural y normal. Cuando comience a contar del 5 al 0, esa sensación pesada y somnolienta comenzará a hacerse más fuerte.

[Continúa con una técnica de profundización.]

Intervenciones

A continuación te presentamos las intervenciones que más se utilizan actualmente. Consulta la Bibliografía para información sobre otros libros que se concentran exclusivamente en guiones.

Adelgazar - Guión para bajar de peso

[Este guión puede grabarse para que el sujeto lo use durante la noche. También puede resultar muy útil para hacer que el sujeto se participe activamente con la visualización.]

Yo deseo ser fuerte y delgado.

No estoy satisfecho con mi peso actual.

Quiero ser más delgado. Debido a que quiero ser más delgado, ahora mi apetito se satisface fácilmente con una cantidad mucho más pequeña de alimento de lo que estoy acostumbrado a comer.

Sé que mi cuerpo necesita proteína para estar fuerte, por eso disfruto comer una cantidad pequeña de carne magra.

Disfruto una sola rebanada de pan negro.

Disfruto comer vegetales verdes con muchas hojas.

Disfruto comer todos los alimentos que ayudan a desarrollar el cuerpo, que me dan fuerza y un adecuado equilibrio de vitaminas y minerales.

Mi cuerpo ya ha almacenado una gran cantidad de grasa.

Mi cuerpo no necesita grasa adicional.

Ahora mi cuerpo está listo para usar esta grasa que he estado almacenando.

A medida que esta grasa es utilizada, me siento como quiero sentirme: fuerte, lleno de energía y vigoroso.

Debido a que mi cuerpo ahora no necesita grasa, las grasas, dulces y almidones han perdido el sabor para mí.

Me desagrada la grasa en la carne; no deseo comer mantequilla o crema.

El helado, los dulces y los pasteles tienen una prioridad muy escaza en mi dieta y en mi vida; el pastel ha perdido su atractivo y sabor para mí.

Me están disgustando más y más las papas y el pan blanco.

Mi disgusto por estos alimentos se está volviendo tan fuerte que pronto me resulta imposible comerlos.

Mi cuerpo no tiene necesidad de estos alimentos ahora mismo.

Mis gustos se corresponden con las necesidades reales de mi cuerpo.

Las sustancias alimenticias que no son necesarias de hecho me resultan desagradables.

Ahora estoy descubriendo un nuevo placer al comer los alimentos que mi cuerpo necesita.

Como lentamente.

Como bocados pequeños.

Saboreo cada bocado mientras lo mastico.

Ahora me tomo el tiempo para disfrutar el sabor de los alimentos que como.

Estoy redescubriendo las agradables diferencias sutiles entre los alimentos.

Disfruto el sabor de la carne magra; en cantidades muy pequeñas me hace sentir lleno y satisfecho.

Disfruto el sabor de los vegetales con muchas hojas.

Disfruto el sabor de pequeñas cantidades de queso.

Disfruto el sabor de la leche descremada que me proporciona muchos minerales valiosos.

Disfruto el sabor de las frutas frescas.

Disfruto el sabor de los vegetales verdes.

Disfruto tanto todo esto, que una cantidad muy pequeña de ellos me hace sentir como si me hubiera comido una gran cena del Día de Acción de Gracias.

Me siento completamente satisfecho con la cantidad de alimento que contiene alrededor de (cantidad específica) calorías.

Ahora peso (peso específico actual) libras/kilos.

Deseo pesar (peso deseado final) porque con ese peso me sentiré mucho mejor y seré mucho más atractivo.

Voy a consumir el exceso de grasa de mi cuerpo a una tasa de (2 a 5 libras / 1 a 2 kilos) por semana.

En diez semanas voy a pesar (10 semanas por libras/kilos a la semana) libras/kilos menos.

En diez semanas voy a pesar (peso inicial – pérdida de 10 semanas) libras/kilos.

Cada semana consumo (2 a 5 libras / 1 a 2 kilos) de tejido graso. Hago esto porque quiero ser más atractivo.

Hago esto porque quiero sentirme más fuerte y vigoroso.

Hago esto porque quiero estar sano.

Hago esto porque quiero estar bien.

Deseo ser fuerte, vigoroso y sano. Ese deseo es tan grande que fácil e inconscientemente controla mi apetito; automáticamente como los alimentos que mi cuerpo necesita en las cantidades que mi cuerpo requiere.

[Una vez que el cliente ha comenzado a adelgazar, se pueden añadir las sugestiones siguientes al guión.]

Ahora como sólo los alimentos que necesita mi cuerpo.

Sólo estoy comiendo el alimento que necesita mi cuerpo.

Sólo estoy comiendo 1000 calorías al día, y estoy disfrutando cada bocado que ingiero.

En mis actividades diarias estoy consumiendo las reservas de grasa que han estado almacenadas en mi cuerpo.

Esta grasa está siendo consumida por todo mi cuerpo, pero especialmente del área de mi abdomen y cadera.

Mi cadera se hace más esbelta a medida que se consume la grasa.

Mi abdomen se hace más plano a medida que se consume la grasa.

Ya me estoy sintiendo más fuerte y sano.

Ya me estoy viendo mucho más atractivo.

Mi cadera se está haciendo más pequeña.

Mi abdomen se está haciendo más plano.

Pronto mi figura será más adecuada para mi estatura y estructura ósea.

Alcohol

Ahora estás relajado, debido a que estás tan relajado comienzas a sentirte libre de todas las tensiones, de la ansiedad y del miedo. Ahora te das cuenta de que tienes más confianza y seguridad en ti mismo porque has dado un enorme paso para ayudarte.

Comienzas a sentir esta fortaleza desde dentro, motivándote a superar todos los obstáculos que pudieran atravesarse en el camino de tu felicidad, y de tu vida social y familiar.

Descubrirás que a partir de este momento estás forjando mayor autocontrol. Ahora enfrentarás todas las situaciones con un estado mental tranquilo y relajado. Tu pensamiento es bastante claro y agudo todo el tiempo.

Comienzas a sentir que tu autoestima y seguridad en ti mismo están creciendo más y más cada día, en todo sentido. Ahora te das cuenta de que en el pasado la bebida era un escape y una debilidad que estás reemplazando con seguridad, fortaleza y autocontrol. Ahora te estás convirtiendo en una persona feliz, con una actitud positiva hacia la vida. Ahora estás teniendo éxito, ahora posees todas las habilidades para el éxito.

Aumento de busto

Cuando eras niña los tejidos y glándulas de tu busto no estaban desarrollados. Durante la pubertad estos comenzaron a desarrollarse. Los tejidos de tu pecho dejaron de desarrollarse antes de alcanzar el tamaño que deseas.

Recrea la situación y circunstancias que existían justo antes de que tus pechos dejaran de desarrollarse. Ahora estimula las hormonas en tu cuerpo para que desarrollen el tejido del pecho.

Visualiza cómo quieres que se vean tus pechos en tu ropa.

Ahora incrementa el flujo de sangre hacia el área del busto, estimulando el tejido de tu busto para se desarrolle hasta la talla de busto que deseas, para que se vea de la manera que quieres en tu ropa.

Ahora visualiza que los músculos pectorales y los que rodean el área del pecho se desarrollan para sostener firmemente tu busto, para evitar la flacidez.

Autoestima

Ahora estás relajado, y ya que estás muy relajado comienzas a sentirte libre de toda tensión, ansiedad y miedo. Ahora te das cuenta de que tienes más confianza y seguridad en ti mismo porque has dado un paso gigantesco para ayudarte a ti mismo.

Comienzas a sentir esta fortaleza desde dentro, motivándote a superar todos los obstáculos que pudieran atravesarse en el camino de tu felicidad, vida social y familiar. Descubrirás que a partir de este momento estás desarrollando mayor autocontrol. Ahora enfrentarás todas las situaciones con un estado mental tranquilo y relajado. Tu pensamiento es muy claro y perspicaz todo el tiempo.

Comienzas a sentir que tu autoestima y seguridad en ti mismo están creciendo más y más cada día, en todo sentido. Ahora te das cuenta de que en el pasado te sentiste impotente y abrumado, sensaciones que estás reemplazando con seguridad, fortaleza y autocontrol. Ahora te estás convirtiendo en una persona feliz, con una actitud positiva hacia la vida. Ahora estás teniendo éxito, ahora posees todas las habilidades necesarias para el éxito.

[Explica la estimación del valor y resistencia.] Date cuenta de que las relaciones infelices son provocadas por la estimación del valor y resistirte a ti mismo y a los demás. El amor es un estado natural del ser, estás en un estado de amor cuando te aceptas a ti mismo y a los demás total e incondicionalmente. Date cuenta que no tienes que aprobar las acciones, comportamiento o apariencia de nadie para aceptarlo y amarlo de buena gana. Nuestras acciones son los medios que elegimos para satisfacer nuestras necesidades dominantes de sentirnos bien. Te sientes amoroso y afectivo contigo mismo y con los demás, a pesar de cualquier acción, comportamiento o apariencia indeseados.

Control analgésico

El dolor es un mecanismo de advertencia de tu cuerpo. Ya no necesitas ser advertido por tu (problema específico de dolor) nunca más. Ya sabes que el problema está ahí y lo estás corrigiendo.

Si necesitas saber que hay algún cambio, si necesitas ser advertido, sentirás un hormigueo en el área en su lugar. Entonces sabrás que hay un problema nuevo que debes atender.

Ya no sientes ningún dolor relacionado con (problema específico de dolor); sin embargo, esto no altera de ninguna manera tus señales de advertencia de dolor por cualquier otro motivo.

Ahora quiero que concentres una luz sanadora en el área donde deseas que se vaya el dolor y nunca vuelva. Establece una curación rápida e instantánea con la luz sanadora. Siente cómo toda la tensión abandona el área. Todo el dolor ha desaparecido complemente de la zona. Te sientes calmado, relajado y libre dolor. Es como si toda la zona hubiera sido anestesiada sin eliminar ninguna respuesta motriz. Posees una respuesta muscular y motriz completa, pero el área está libre de dolor.

No llames al dolor. No lo necesitas. No lo quieres. Ya no te pertenece.

Depresión: Es cosa del pasado

Mientras continuas flotando ligeramente, todos los demás sonidos se desvanecen en la distancia. Sólo prestas atención al sonido de mi voz. Quiero que se establezcan firmemente en tu mente tres puntos relacionados con la depresión. Porque eso es lo que vamos a explorar; además, cada punto sobre la depresión es la verdad absoluta para ti. Ahora, el primer punto es que tienes el derecho de estar aquí. Eres tan bueno como cualquiera. Eres una criatura del universo, no eres menos que los árboles o las estrellas. Tienes el derecho de estar aquí, y aunque esto pueda o no ser claro para ti, el universo se está desenvolviendo de la manera como debe de ser. Por lo tanto, puedes aceptar que existe un plan universal, más grande que cualquier persona, más grande que cualquiera de nosotros, y por eso, puedes estar en paz contigo mismo. Puedes estar en paz contigo mismo si así lo quieres... y eso nos lleva al segundo punto.

Porque en ese plan que nos afecta a todos en este universo, aparte de los desastres naturales, todo tipo de depresión es auto-infligida subconscientemente. Ese es el segundo punto. Todo tipo de depresión es auto-infligida subconscientemente. Ahora bien, cada emoción de la mente se ve reflejada en el equilibrio electroquímico del cerebro. Los sentimientos prolongados de depresión pueden provocar un desequilibrio químico que, en la mayoría de las ocasiones, se corrige por sí solo. De acuerdo con mi experiencia clínica, generalmente puedo saber de inmediato quién responderá exitosamente a la medicación, y quién responderá exitosamente sin ella.

En cualquiera de los casos, conquistarás la depresión con éxito. Cuando te vuelvas a sentir mejor, podrás estarlo durante unos minutos u horas, después la depresión puede regresar, tal vez sea grave otros días o incluso semanas antes de que te vuelvas a sentir mejor. Puede haber hasta media docena de este tipo de subidas y bajadas antes de que los síntomas desaparezcan para siempre.

Ahora bien, el tercer punto tiene que ver con el tiempo y la necesidad absoluta de vivir, no sólo en el presente, sino en el momento del aquí y el ahora. La tercera verdad absoluta tiene que ver con la necesidad de vivir cada momento del aquí y el ahora. Por ejemplo, ayer estuviste deprimido pero hoy es un nuevo día. Cada día es un nuevo comienzo. Cada día es un nuevo comienzo y cada mañana es un mundo nuevo. Hoy es nuestro día más importante. Ayer ya pasó. No podemos vivir en el pasado, de otra manera podemos avanzar; porque vivir en el pasado adormece el lado vivo de nuestra imaginación. El pasado, incluso el día de ayer, puede ser valioso solamente si extraemos las lecciones y beneficios de nuestras experiencias. Al respecto, Longfellow escribió: «No juzgues el irrevocable pasado como algo totalmente perdido, como que todo fue en vano, si de entre sus ruinas, obtenemos algo más noble». ¿Alguna vez te dijiste, cuando sentiste que las circunstancias te abrumaban debido al fracaso, decepción y depresión: «Si tan sólo pudiera darme un descanso, una oportunidad de volver a empezar»? Bueno, en ese caso recuerda lo que escribió Walter Malone respecto a la oportunidad: «Mal me hacen los que dicen que no volveré, cuando antes llamé a tu puerta y no te encontré; pues todos los días permanezco ante esa puerta, y te pido que te levantes para volver a luchar. Sumido en el barro, no sacudas las manos y llores. Yo le presto mi ayuda a aquellos que dicen: 'Yo puedo'. Ningún paria avergonzado jamás se hundió tanto, como para que no pudiera levantarse otra vez y ser un hombre.» Ayer el sol se hundió detrás del horizonte al final del día. El cielo estaba nublado, y no aparecieron las estrellas en el firmamento, y tú te sentías abatido, deprimido porque el día sólo te había traído frustración. Hoy, despertaste con la luz del sol que entraba por tu ventana, tienes un nuevo día enfrente, una nueva oportunidad para construir a partir de las lecciones que aprendiste de los fracasos de ayer. Ahora, cada uno de nosotros está aquí para lograr algo, alguna fase particular del plan universal que es más grande que el humano, más grande que todos y cada uno de nosotros. Este plan universal o fuerza vital continúa, nos guste o no. Cuando enfrentamos la vida como un todo, e intentamos darnos cuenta de que cada experiencia nos dirige al cumplimiento total de ese plan, cuando tomamos cada día y nos esforzamos por aprovechar lo más que podamos de éste, entonces, las cosas salen bien. Alguien dijo que tenemos que escuchar para que la vida suceda, escuchar a la expectativa. Ahora, tú no has estado escuchando a la expectativa. De verdad no has estado escuchando en lo absoluto. Te has estado concentrando en tus problemas y, mientras sigas haciéndolo, entonces tienes un problema, porque tú eres lo en que concentras tu mente.

Tú eres aquello que te preocupa más. Ahora bien, cuando dejas ir esa preocupación, cuando dejas ir ese problema cambiando tus pensamientos, cuando dices: «¡Al diablo con este problema!» entonces comienzas a ver la solución del mismo, porque tu mente está libre y, por lo tanto, cuando tu mente está libre puedes utilizarla para que sea efectiva, para que funcione. A partir de ahora debes decir: «Dejo ir mi depresión. Cada día desarrollo y conservo una disposición feliz. Cada día rechazo lo negativo y veo lo positivo en todas las cosas». Porque el único motivo por el que has estado deprimido es que todavía no has aprendido a lidiar con tus pensamientos negativos, ni a dejar entrar los pensamientos positivos de verdad, amor y esperanza. Cada día es un desafío, una nueva oportunidad de probarte a ti mismo en la realidad, para ser un creyente de la verdad, amor y esperanza, de que no tienes necesidad de sentirte impotente y sin esperanzas, de que puedes separar ambas realidades y distinguir la vasta diferencia entre los sucesos que tienen lugar en tu vida y tu reacción a ellos, porque ambas cosas son sumamente diferentes. No son iguales en lo más mínimo, y debes separarte de esos eventos de tu vida, y de tu reacción a ellos. El problema no radica en si necesitas un trabajo nuevo, o en si tu cónyuge se ha ido o te ha dejado, o si otra persona hizo algo bueno o malo, o si tú hiciste algo bueno o malo, o en las cosas terribles que han pasado en tu vida. No está en ninguna de esas cosas en lo absoluto. Está en tu respuesta a ellas. Está en las afirmaciones que dices en tu cabeza, tales como: «¡Oh, mi esposo se ha ido! ¡No puedo vivir sin él!» o «¡Tengo un terrible dolor de espalda! ¡Nunca volveré a tener una vida normal!».

Ese es realmente el problema, cuando te das esos pensamientos negativos estas obligado a sentirte deprimido; por lo tanto, tienes que aprender a cambiar esas afirmaciones, a cambiarlas completamente: «Muy bien, cometí un error, pero no lo volveré hacer» o «Muy bien, mi esposa murió y la extraño, pero puedo comenzar una nueva vida». Sea lo que sea que te digas a ti mismo sobre las cosas del pasado, te deprimen porque no has aprendido a cambiarlas, y cuando estás deprimido, cuando estás dentro de esta mentalidad, ¡estás muerto! ¡Esa es la muerte! Recuerda que a la esposa de Lot se le dijo: «¡No voltees porque te convertirás en una estatua de sal!». Pero, ella volteó. Ahora es tu turno de no voltear. Estás volteando hacia atrás. Sólo puedes vivir el mismísimo momento que estás viviendo, y lo puedes vivir al máximo y disfrutarlo usando la mentalidad adecuada. ¿Nunca has tenido un deseo, una necesidad, de lograr algo que nunca has alcanzado? Considéralo. Toma cada día como viene, y disfruta la luz del sol, el canto de los pájaros, la risa de los niños. Ve todas esas cosas positivas.

Deja que cada nuevo día expulse completamente todas las penas del día de ayer. Recuerda que «aquel que sube una escalera debe comenzar con el primer escalón», Robert Scott dijo eso. Los chinos dicen: «Un viaje de mil millas comienza con un paso». Mientras buscamos una visión más alta y más amplia, cada nuevo día se convierte en el siguiente escalón hacia arriba, en una nueva oportunidad de elevarnos por encima de las penas, frustraciones, depresiones y fracasos de ayer, hacia un mundo nuevo, así como el poeta oriental nos exhorta: «Por lo tanto, observa bien este día». Observa bien este día.

Ahora, con los ojos de tu mente, quiero que visualices un letrero, un letrero colgando enfrente de ti, este letrero tiene cuatro palabras escritas, y esas palabras son: Es cosa del pasado. Es cosa del pasado, cuando las cosas no salieron bien. Es cosa del pasado, cuando no pudiste cambiar tus pensamientos negativos. Es cosa del pasado, cuando renunciaste a la esperanza. Es cosa del pasado, cuando no decidiste volver a empezar, como debiste hacerlo, y es cosa del pasado, cuando sólo pensabas en ti mismo, en lugar de la felicidad de los demás, y lo que pudiste hacer por ellos. Es cosa del pasado, cuando cometiste un error. Es cosa del pasado, cuando sabes que hiciste algo malo. Es cosa del pasado. Es cosa del pasado, cuando te odiaste a ti mismo, pero cada día es un nuevo comienzo, y cada mañana es un mundo totalmente nuevo, y el pasado no es del todo inútil. No es en vano, por lo menos entre sus ruinas emerge algo más noble que puedes alcanzar. Al reemplazar los pensamientos negativos con pensamientos positivos, cada nuevo momento es una nueva oportunidad; además, a medida que aceptas esta verdad, sientes cómo la calidez de la verdad, amor y esperanza corre a través de tu corazón, te relaja completamente, confías en que HAY un plan para ti, y que, aunque no lo comprendas, debes atravesar estas experiencias de aprendizaje que te están pasando para poder satisfacer ese plan. No obstante, estás perfectamente dispuesto a pasar por cualquier experiencia que sea necesario pasar, para que puedas dominar tu propio destino, para que tengas el control de tus propias emociones, porque el amanecer de este nuevo día sólo puede ocurrir después de la noche. No puedes tener una montaña sin valles, de lo contrario, todo sería una planicie.

El brillo del sol no significaría nada, a menos que lo comparemos con la oscuridad de la noche. Solamente mediante el contraste podemos comprender la vida y, así, en lugar de reaccionar adversamente a los problemas y frustraciones del ayer, cuélgales ese letrero. Ese letrero que dice: Es cosa del pasado, ves el letrero con los ojos de tu mente. Quitas esos problemas de tus hombros, los cuelgas en ese letrero y los dejas ahí; porque, como resultado de la práctica fiel de tu auto-hipnosis, y de aprender a controlar tus pensamientos en una manera positiva, cada día es un nuevo comienzo, y cada mañana es un mundo nuevo, este es un nuevo día para ti, y una nueva mañana, un día sin depresión, un día sin frustración, un día sin fracasos, un día en el que eres más efectivo en cada área de tu vida de lo que nunca fuiste antes, ¿y todo por qué? Porque has dejado ir tus problemas. Has dejado de permitirles que te dominen. Ahora tú los dominas, cambiando esos pensamientos negativos, porque los eventos de tu vida no son lo que te afecta. Lo que te afecta es tu reacción a ellos; estuviste dejando que los pensamientos negativos crearan reacciones negativas ante las experiencias de tu vida, lo cual te deprimió y te dejó en una situación precaria, dominando cada momento de tu vida. Vas a aprender a relajarte cómodamente, sabiendo que puedes, harás y seguirás haciendo tu parte.

Estreñimiento

Entra en un sueño más y más profundo. Un sueño más y más profundo. Ya sabes que todo tu sistema gastrointestinal solamente es un tubo musculoso que da vueltas y vueltas dentro de tu cuerpo. Las diversas partes de este tubo tienen varios propósitos, de la misma manera que los departamentos especializados en una fábrica. La boca es el departamento de recepción de los bienes que son aceptados y desempacados. La garganta y el esófago son el sistema de transportación. El estómago es un cuarto de procesamiento en el que los materiales son preparados para su uso posterior, y así sucesivamente por todo el sistema. Finalmente, obtenemos los productos útiles que van hacia el cuerpo, y los productos de desecho que debemos eliminar.

Toda esta fábrica posee un sistema continuo de transportación. Las tuberías que integran este sistema de transportación están compuestas por anillos de músculos. Estos músculos durante sus contracciones y relajaciones empujan el material a través de la fábrica, de la misma manera que la cadena de la línea de ensamblaje en una fábrica de automóviles. Cuando comenzamos la relajación en la garganta, automáticamente ésta es seguida por el movimiento alternado rítmico natural de relajación y contracción del músculo. Estas contracciones ocurren en ondas que siempre viajan desde el cuarto de recepción hasta los departamentos de disposición de desechos.

La onda de relajación que comenzamos hace unos cuantos minutos en la boca y la garganta, ahora avanza a través del estómago hacia el duodeno. Detrás de la onda de relajación vienen las ondas peristálticas, la relajación y contracción alternada de los músculos hasta el estómago, el duodeno y el intestino. Todo tu tracto intestinal se está relajando y pronto estas ondas pasarán por el colon hasta el recto. El colon es una especie de recipiente de almacenamiento, parecido a un bote de basura. No corremos a vaciar el bote basura cada vez que tiramos algo en éste. Lo vaciamos cuando se llena. Así es como funciona tu cuerpo también. Estas ondas peristálticas transportan el material de desecho a través del colon y en el recto donde es almacenado. Tan pronto como se llena, se envía una señal automática, en ese momento te das cuenta de que estás a punto de experimentar un movimiento intestinal. En cuanto tienes esa sensación, vas al baño. Cuando te sientas en el inodoro, el contacto de tu cuerpo con el asiento envía una señal al músculo redondo que mantiene cerrada la válvula el resto del tiempo. Este músculo redondo se llama esfínter. La válvula de desecho se llama ano.

Cuando te sientas en el inodoro, se relaja el músculo del esfínter. Se vuelve suave y flexible, y se estira fácilmente. Estas ondas de contracción muscular en el colon y el recto fuerzan la salida del material. Ahora estas ondas están trabajando a través de tus intestinos. Además, poco tiempo después de que salgas de aquí sentirás la necesidad de tener un movimiento intestinal. Cuando sientas esta necesidad, ve al baño, siéntate y espera. No hagas ningún esfuerzo. Tu cuerpo se encargará automáticamente de esa parte y sin ningún esfuerzo. No hagas ningún esfuerzo en lo absoluto. Tu cuerpo puede desechar sus residuos perfectamente, si no interfieres. No hagas ningún esfuerzo. Sólo siéntate en el inodoro y espera. El acto de sentarte en el inodoro será una señal para tu mente inconsciente. El músculo del esfínter se relajará. El recto se vaciará por sí mismo fácil y automáticamente.

Cada vez que comas, tus mandíbulas se tensan y relajan automáticamente. Comer es una señal automática que da inicio a todo el proceso. Comes. Tu garganta traga la comida, relajándose y contrayéndose alternadamente. Como una ola, esta acción avanza hasta tu estómago, duodeno e intestinos. Poco después de comer, sientes la necesidad de ir al baño. Cuando sientas la necesidad tienes que ir. El acto de sentarte en el inodoro automáticamente es una señal para el músculo del esfínter. Se relaja. Todo el músculo se relaja. No hay ningún esfuerzo de tu parte. Todo el proceso es automático. Cuando comes, comienza la relajación. Poco después de comer, sientes la necesidad de ir al baño. Vas al baño. Vas al baño inmediatamente cuando sientes la necesidad. Cuando te sientas en el inodoro, esa es automáticamente una señal para que el ano se relaje y se vuelva blando y flexible. Entonces el colon se vacía automáticamente. No tienes que hacer nada conscientemente excepto ir al baño cuando sientas la necesidad de hacerlo. Todo lo demás ocurre de manera automática y natural.

Poco después de que despiertes, vas a tener la necesidad de ir al baño. Cuando tengas la necesidad, ve. Y tendrás un movimiento intestinal natural y fácil. Cada vez que comas, se inicia automáticamente el proceso que provocará un movimiento intestinal natural y fácil. Cuando sientas la necesidad de ir al baño, ve inmediatamente. Tu cuerpo se encargará del resto. Vas a tener un movimiento intestinal poco después de que despiertes, y tendrás otro después de tu siguiente comida.

Insomnio

Visualiza que eres una esponja a la que se le exprime el estrés, el cual se escurre por los dedos de tus pies. Inhala profundamente tres veces y «duerme ahora». Escucha mi voz solamente hasta que tu terapia de relajación esté completa, luego entrarás en un sueño natural, fácil y profundo.

Debido a que deseas tener noches completas de sueño, y debido a que quieres despertar por la mañana sintiéndote completamente refrescado, descansado y lleno de ánimo y energía, cada noche cuando te retires a dormir, relajas cada músculo de tu cuerpo haciendo tres inhalaciones profundas. Después de cada inhalación te dices a ti mismo *duerme ahora*. Deja que cada músculo y nervio se suelte lánguidamente. Después de la tercera inhalación estás tan relajado que inmediatamente entras en un sueño profundo y reparador que dura hasta la mañana. Solamente te puede despertar una emergencia; si ésta ocurre, cuando regreses a la cama después de haberla atendido te quedarás dormido en 60 segundos. Te resulta fácil relajarte e irte a dormir porque sabes que vas a dormir. Durante todo tu sueño, estás contento y placenteramente relajado.

Siempre te relajas completamente cuando haces tres inhalaciones profundas y a la hora de dormir siempre te vas a dormir relajado. Duermes bien, cómodo y sin esfuerzo. Durante todo tu sueño te sientes tranquilo, contento y relajado; además, trasladas esta sensación de tranquilidad y contento a las horas en que estás despierto. ¡Siempre despiertas a tu hora habitual sintiéndote de maravilla! ¡Completamente relajado, descansado, alerta y alegre! Inmediatamente abres los ojos, te sientas y pones los pies en el suelo, te estiras y te sientes bien. Listo para otro maravilloso día. Disfrutas completamente tu sueño profundo y reparador, a la hora de dormir sólo haces tres inhalaciones profundas y piensas «*duerme ahora*» después de cada inhalación, y te vas a dormir automáticamente. Todos estos pensamientos vienen a ti cuando te relajas y dices «*duerme ahora*».

Ahora voy a llevarte a través de los colores del arco iris. Los colores son rojo/naranja, amarillo/verde, azul, púrpura/lila y blanco. A medida que vas por los colores, entrarás más y más profundamente en un sueño natural. En el color blanco, tranquila y suavemente alcanzarás y apagarás la máquina que está reproduciendo esta grabación. Después de que apagues la máquina, entrarás en un estado de sueño natural, normal muy profundo y muy relajado.

Rojo/naranja... lentamente, tranquilamente, fácilmente y suavemente vas a entrar en un sueño profundo y normal.

Amarillo/verde... cada nervio y músculo de tu cuerpo está suelto y relajado lánguidamente, conforme entras en un sueño natural más y más profundo.

Azul... te sientes bien de la cabeza a los pies, te sientes perfecto en todo sentido, entras a un sueño natural más y más profundo.

Púrpura/lila... tu mente y tu cuerpo van a entrar en un sueño muy profundo y saludable. Te sientes bien. En el siguiente color, suave y fácilmente, sin perturbar tu sueño reparador, alcanzas y apagas tu máquina, luego entras en un sueño natural, profundo y reparador durante toda la noche.

Blanco... tranquila y suavemente alcanzas y apagas la máquina que está reproduciendo esta grabación. *Duerme ahora. Duerme ahora. Duerme ahora.*

Ira / Temperamento

Mírate en una situación donde hubieras perdido el temperamento en el pasado. En esta ocasión te ves controlado. Ya no reaccionas con ira. Respondes con comprensión y estás calmado. Cuando antes sentías la necesidad de tomar represalias, ahora estás lleno de perdón y un criterio abierto.

Ahora puedes dejar que la gente sea ella misma y les permites sus propias prioridades. Ya no te enojas porque no están de acuerdo contigo. El único valor que posee la opinión de los demás, es el valor que tú le otorgas. Tienes el control de tus propias emociones y reaccionar con ira es negativo. Ahora eliges ser positivo. Eliges responder con comprensión controlada.

En lugar de enojarte, ahora puedes ver el punto de vista de los demás. Ahora respondes con comprensión, atención y en calma. Respondes con pensamientos y emociones positivas.

(Descubre qué dispara la ira la mayor parte de las veces, y haz que el cliente visualice una situación similar mientras mantiene la calma.)

[Hay más guiones disponibles en la red.]

APÉNDICE CUATRO: BIBLIOGRAFÍA

PARA CONTINUAR TU EXPLORACIÓN de este fascinante tema, puedes consultar la bibliografía siguiente, y luego participar en uno de nuestros cursos presenciales. Estos libros están en inglés, y algunos pueden tener traducción al español.

Libros

Hipnosis

- *Hypnosis: A Comprehensive Guide* por Tad James

- *Hypnotherapy and Hypnosis* por Calvin S. Banyan, Gerald F. Kein, Calvin D. Banyan

- *The New Encyclopedia of Stage Hypnosis* por Ormond McGill

- *The Wizard Within: The Krazner Method of Hypnotherapy* por A. M. Krazner

- *Tranceworks* por Michael D. Yapko

- *Handbook of Hypnotic Suggestions and Metaphors* por Corydon Hammond, et al

- *Fun with Hypnosis: The Complete How-To Guide* por el Profesor Svengali

- *Training Trances* por John Overdurf, Julie Silverthorn, Tad James

- *Trance-Formations* por Richard Bandler y John Grinder

Auto-Hipnosis

- *The Complete Idiot's Guide to Hypnosis* por Roberta Temes

- *Hypnosis for Change* por Josie Hadley, Carol Staudacher

Programación Neurolingüística (PNL)

- *The Magic of NLP Demystified: A Pragmatic Guide to Communication and Change* por Byron A. Lewis, et al

- *Neuro-Linguistic Programming: Volume I* por Robert Dilts, John Grinder, Richard Bandler y Judith DeLozier

- *Patterns of the Hypnotic Techniques of Milton H. Erickson Vol. I* por Richard Bandler y John Grinder

- *Patterns of the Hypnotic Techniques of Milton H. Erickson Vol. II* por Richard Bandler y John Grinder

- *The Structure of Magic Volume I* por Richard Bandler y John Grinder

- *The Structure of Magic Volume II* por Richard Bandler y John Grinder

- *The Sourcebook of Magic* por L. Michael Hall

- *Modeling with NLP* por Robert Dilts

- *Changing Belief Systems* por Robert Dilts

- *Timeline Therapy and the Basis of Personality* por Tad James

- *Using your Brain... For a Change* por Richard Bandler, et al

- *Heart of the Mind* por Richard Bandler, et al

- *Reframing* por Richard Bandler y John Grinder

- *Therapeutic Metaphors* por David A. Gordon

- *Frogs into Princes* por Richard Bandler y John Grinder

- *Personality Selling: Using NLP and the Enneagram to Understand People and How They Are Influenced* por Albert J. Valentino

- *Instant Rapport* por Michael Brooks

Motivacional

- *My Voice will Go With You: The Motivational Tales of Milton H. Erickson*

- *Sopa de Pollo para el Alma* y otros títulos relacionados por Jack Canfield

Música para hipnosis

- *Hypnotic TranceScapes Volume I* – Mystical Forest Diseñada especialmente por el autor de Aprende Hipnosis... ¡Ya!

- *Across an Ocean of Dreams*, 2002

- *Wrapped in Stillness* por varios artistas

- *Native Trance and Wind Trance* por Christopher Wayne Morrison

HOJA DE PEDIDO AL REVERSO

Hoja de pedido

Deseo obtener más ejemplares de ***Aprende Hipnosis... ¡Ya!*** para mí y/o para mis familiares y demás personas a quienes les interesa el poder de su mente por medio de la hipnosis.

Nombre: _____

Domicilio: _____

Ciudad: _____ Edo.: _____

País: _____ C.P.: _____

Correo electrónico (para confirmación): _____

Comentarios (adicionales al reverso): _____

Cantidad _____ X $19.95 (USD)   Subtotal $_____

Envío y manejo   EE.UU. y Canadá $ 7.50

A América Latina $ 12.50

Email: info@AprendeHipnosisYa.com   Resto del mundo   Preguntar

Total adjunto (USD) $_____

Envíe esta hoja con su pago a:

VERITAS INVICTUS PUBLISHING
8502 East Chapman Avenue # 302
Orange, California 92869
United States

$19.95
ISBN 978-0-9846837-7-2

9 780984 683772

Para comprar por Internet con tarjeta de crédito, visite:
www.**Aprende***Hipnosis***Ya**.com